DEUTSCHLAND POLITISCH

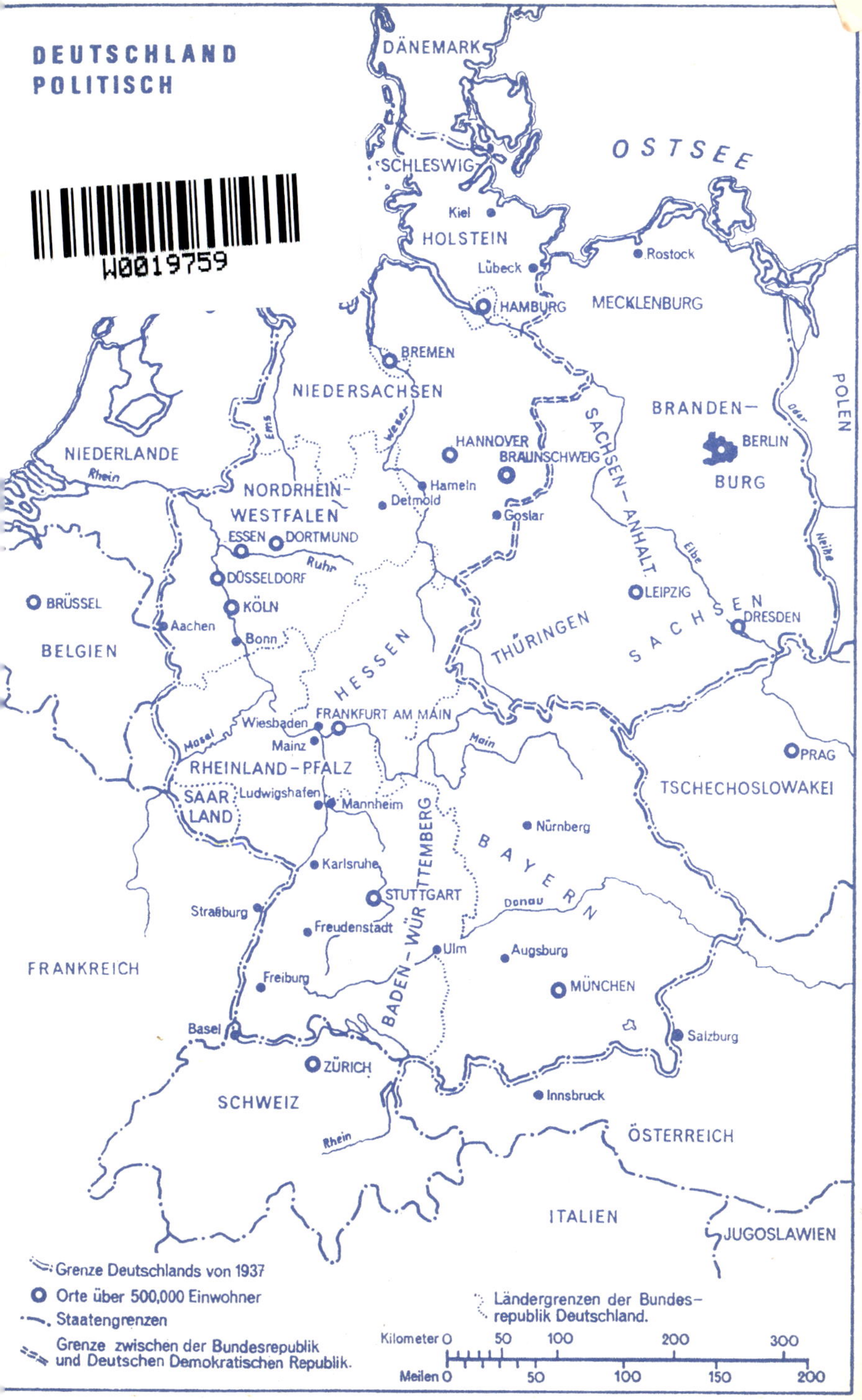

MACH MIT!

BOOK 1

Mach Mit!

A GERMAN COURSE TO 'O' LEVEL
BOOK 1

D. C. BABER

Illustrated by PETER M. NORTH

NELSON

THOMAS NELSON AND SONS LTD
36 Park Street London W1Y 4DE
P.O. Box 18123 Nairobi Kenya

THOMAS NELSON (AUSTRALIA) LTD
597 Little Collins Street Melbourne 3000

THOMAS NELSON AND SONS (CANADA) LTD
81 Curlew Drive Don Mills Ontario

THOMAS NELSON (NIGERIA) LTD
P.O. Box 336 Apapa Lagos

THOMAS NELSON AND SONS (SOUTH AFRICA) (PROPRIETARY) LTD
51 Commissioner Street Johannesburg

© *D. C. Baber, 1968*

First published 1968
Fifth impression 1973

ISBN 017 449031 3

All Rights Reserved. No part of this publication may be reproduced, stored in a retrieval system, or transmitted, in any form or by any means, electronic, mechanical, photocopying, recording or otherwise, without the prior permission of Thomas Nelson and Sons Limited.

Made and printed offset in Great Britain by
The Camelot Press Ltd, London and Southampton

CONTENTS

Preface ix

1 Das Wohnzimmer
der, die, das 1

2 Haus und Garten
er, sie, es. Third person sing. of the present tense. Wie? Question-forms. 3

3 Eine Strasse
ein, eine, ein; kein 7

4 Der Motorroller
Subject and object. Accusative. Prepositions which take the accusative. 10

Song — *Das A B C Lied* 15

5 Ein Warenhaus
Plurals of nouns and 3rd person pronouns. 3rd person plural of verbs in present tense. 16

Revision 1 19

6 Wagners kaufen ein Auto
1st person sing. and plural, and 2nd person (polite form) of verbs in the present tense. Present tense with future meaning. 21

7 Die Kinder gehen in die Schule
Verb's position in the main clause. Imperative (polite form). Numbers 1–10. 26

Song — *Ein Jäger aus Kurpfalz* 31

8 Der Ausflug
The dative. Prepositions which govern the dative. Wo? wohin? 32

Mach Mit!

9 Die Schule
Numbers 11–50. Time of day. Age. Welcher? jeder   39

10 Das Mittagessen
Prepositions taking the accusative or dative. Worauf? womit? etc., damit, darauf, etc.   43

Revision 2   51

11 Auf dem Campingplatz
Second person familiar forms of present tense and imperative.   54

12 Der Honigkuchen
Dative plural. Order of objects. Declension of wer?   60

Song — *Auf einem Baum*   66

13 Wolfgangs Meisterstück
Sein and ihr. The genitive.   67

14 Die Stadt des Rattenfängers, 1
Personal pronouns: accusative and dative. mein, dein   73

15 Die Stadt des Rattenfängers, 2
Genitive plural. Man. The infinitive used as a noun.   79

Revision 3   83

16 Am Maschsee
Possessive adjectives: unser, euer, Ihr, ihr. Adverbs.   88

Song — *Abendlied*   95

17 Ferien auf dem Land, 1
Jener, solcher. Adjective-endings after der, dieser, etc.   96

18 Ferien auf dem Land, 2
Adjective-endings after ein, kein, mein, etc. Numbers 60–1,000,000. Units of money.   104

19 Jeder hört die Geige gern
Modal verbs. The infinitive.   111

Contents

20 Im Büro
Days, months, dates. First, second, etc. — 118
Song — *Das Lied der Deutschen* — 122

21 Familie Gruber geht aus
Separable verbs. — 123

Revision 4 — 128

Grammar illustrated in individual lessons — 133

Grammar reference — 150

Word lists — 155

Vocabulary — 164

PLATES

	facing page
1. Café am Kröpcke, Hannover	22
2. Marktkirche in der Altstadt, Hannover	23
3. Das Hermannsdenkmal im Teutoburger Wald	54
4. Campingplatz am Langenwaldsee im Schwarzwald	55
5. Weserbergland	86
6. Der Maschsee, Hannover	87
7. Am Hauptbahnhof, Hannover	118
8. Altes norddeutsches Bauernhaus	119

PREFACE

This is the first part of a 3-volume German course for schools. The third volume will take pupils up to 'O' level or equivalent standard. It has been borne in mind that most schools provide courses in German which are of shorter duration than those in French, and that the tempo must consequently be rather faster. However, the first volume introduces only one tense (the present), and deals solely with aspects of the simple sentence.

The book is designed to facilitate a predominantly oral approach to learning the language. The texts are mostly short and such as can be used for thorough oral practice of the material presented. Questions on the texts are often extended into the pupil's own life in order to practise verb-forms other than the 3rd person, but especially to further the pupil's feeling of involvement in the action.

Difficulties have been isolated to avoid confusing the pupil. For example, the possessive adjectives are introduced gradually over three different chapters, and the personal pronouns in the commonest forms over eight.

Almost every exercise consists of a series of sentences or questions with a common topic, or is in continuous prose. The aim is to capture the pupil's interest and to stress the fact that the German language, like English, is a medium for expressing significant ideas, and not simply a conglomeration of random statements whose only *raison d'être* is to practise linguistic structures.

A large number of the exercises can, if the teacher so desires, readily be adapted for use as purely oral ones, the pupils' books being shut. The material can then be dealt with through questions and answers.

Many exercises are of the 'pattern' type, giving practice on one point, only the vocabulary being varied. Each chapter contains at least one exercise aimed specifically at revising the material contained in the previous chapter, and a series of revision exercises is provided after each fifth chapter. The greatest care has been taken to ensure that new words are frequently revised in both texts and exercises.

Mach Mit!

Where necessary, exercises aimed specifically at vocabulary revision have been provided. In certain chapters, where the amount of new material or its difficulty seemed to demand it, a 'pattern practice' has been included, usually in the form of question and answer work. The questions may be asked by the teacher and answered by the pupil or vice versa.

Each chapter contains a plan for a guided composition. A dictation occurs in chapters 4 and 7 and thereafter in every other chapter; in each of the other chapters appears an exercise which involves learning by heart a part of the text containing several examples of the new linguistic structures with which the chapter deals.

In order to avoid the constant intrusion of English where automatic response to, and in, German is desired, translation has been avoided in the first volume of this course. Lesson vocabularies are to be found at the back of the book.

My thanks are due to my wife, to Mrs G. Everson, to Studienprofessor F. Graf and to Studienreferendar R. Brenner for their help in the preparation of the book.

D. C. B.

Acknowledgements are due to the following for photographs used in the plates:

German Tourist Information Bureau: plates 1, 6 and 8; Tourist Information Office, Hanover: plates 2 and 7 (photo: Eckhardt Breider); German Federal Railways: plate 3; Tourist Information Office, Detmold: plate 4; Heinrich Müller Verlag: plate 5.

1 DAS WOHNZIMMER

Das Wohnzimmer ist groß. Der Mann ist Herr Gruber, und die Frau ist Frau Gruber. Herr Gruber ist der Vater, und Frau Gruber ist die Mutter. Das Mädchen ist die Tochter Sigrid.

Das Sofa ist weich. Die Mutter sitzt da. Der Stuhl ist hart. Sigrid sitzt nicht da. Nein, Sigrid steht.

Was ist das? Das ist die Wand; und das ist die Uhr. Ist die Uhr klein? Ja, die Uhr ist klein, und die Wand ist groß.

Das Fenster ist offen, und die Tür ist zu. Der Tisch ist klein und der Fernsehapparat auch.

VOCABULARY: see p. 155. GRAMMAR: see p. 133.

Exercises

A Answer the following questions about the text:

1 Ist der Mann Herr Braun?
2 Ist die Frau Frau Braun?
3 Was ist groß?
4 Was ist klein?
5 Was ist hart?
6 Was ist weich?
7 Was ist offen?
8 Was ist zu?

Mach Mit!

B Make up as many sentences as you can ending with the following:
e.g. *Die Tür ist groß.*
1 ... ist groß.   3 ... ist hart.
2 ... ist klein.   4 ... steht da.

C Draw a sitting-room and label in German all the things you know.

D Here is a description of another room. Modify it where necessary to make it fit the room in the picture on page 1.

Herr Schmidt sitzt da. Die Tochter sitzt auch da. Frau Schmidt steht. Das Sofa ist klein. Der Stuhl ist weich. Der Tisch ist groß. Das Fenster ist zu. Die Tür ist offen.

E Learn by heart from the beginning of the text down to '... die Tochter Sigrid.'

2 HAUS UND GARTEN

Ist das Haus schön? Ja, es ist schön. Und hier ist der Garten. Er ist groß. Frau Gruber sitzt da. Das Wetter ist schön, und es ist warm, denn die Sonne scheint.

Der Baum ist auch groß. Was macht der Vogel? Er sitzt da und singt. Der Hund Prinz liegt da, denn es ist so warm und er ist faul. Da kommt Putzi, das Kätzchen. Es ist klein. Da kommt auch Lola, die Katze. Wie ist sie? Sie ist groß und schwarz. Sie kommt langsam. Der Vogel ist klug. Er fliegt schnell weg.

Der Hund steht auf. Er bellt. Die Katze ist klug. Sie springt schnell weg. Was macht das Kätzchen? Es springt nicht weg, denn es ist dumm. Es miaut. Frau Gruber kommt schnell. Sie hebt es auf.

VOCABULARY: see p. 155. GRAMMAR: see p. 133.

Mach Mit!

Exercises

A Answer the following questions on the text:

1 Was steht hier?
2 Wie ist das Haus?
3 Was ist groß?
4 Wie ist der Garten?
5 Was macht Frau Gruber?
6 Wie ist das Wetter?
7 Was scheint?
8 Wie ist der Baum?
9 Was sitzt da?
10 Was singt?
11 Ist der Hund faul?
12 Was ist warm?
13 Was kommt?
14 Wie ist das Kätzchen?
15 Wie ist die Katze?
16 Ist der Vogel dumm?
17 Was macht der Vogel?
18 Was macht der Hund?
19 Was springt weg?
20 Was macht Frau Gruber?

Haus und Garten

B   From each successive statement in the first two paragraphs of the text, make up a question, e.g.
Es ist schön.   Question: *Ist es schön?*
Hier ist der Garten.   Question: *Ist der Garten hier?*

C   Look carefully at the examples and then answer the questions in similar fashion:
e.g. *Ist die Tür zu? Nein, sie ist offen.*
   Bellt das Kätzchen? Nein, es miaut.
1 Ist der Garten klein?   6 Steht Frau Gruber?
2 Ist der Vogel dumm?   7 Bellt die Katze?
3 Fliegt der Vogel langsam?   8 Ist die Katze dumm?
4 Miaut der Hund?   9 Sitzt das Kätzchen?
5 Springt der Vogel weg?   10 Ist das Kätzchen klug?

D   From each of the following statements, make up a question beginning with *wie?*, and then provide the answer:
e.g. *Die Uhr ist klein.*
   Question: *Wie ist die Uhr?*
   Answer: *Sie ist klein.*
1 Das Wetter ist warm.   7 Der Vater ist klug.
2 Herr Gruber ist faul.   8 Frau Gruber kommt langsam.
3 Der Stuhl ist hart.   9 Herr Gruber kommt schnell.
4 Das Sofa ist weich.   10 Das Sofa ist so schön!
5 Die Mutter ist klein.   (Herr Gruber liegt da.)
6 Der Vater ist groß.

E   Add to each of the following statements a reason, starting with *denn*...
e.g. *Frau Gruber hebt das Kätzchen auf,*
   (reason:) *denn der Hund kommt.*
1 Das Wetter ist schön, denn...
2 Der Hund Prinz liegt da, denn...
3 Der Vogel fliegt weg, denn...
4 Der Hund bellt, denn...
5 Die Katze springt schnell weg, denn...
6 Das Kätzchen springt nicht weg, denn...

F   Learn by heart the paragraph beginning: 'Der Baum ist auch groß' in the text.

Mach Mit!

G Look at the pictures on pages 3 and 4 and answer the following questions in such a way as to make a piece of continuous prose:

Wie ist das Haus? Wie ist der Garten? Wie ist das Wetter? Was scheint? Was macht der Vogel? Und der Hund? Was kommt? Was fliegt weg? Was macht das Kätzchen? Und was macht Frau Gruber?

3 EINE STRASSE

Hier ist eine Straße. Links ist eine Haltestelle. Ein Junge wartet da. Kommt ein Bus? Nein, kein Bus kommt. Aber da ist ein Laden. Es ist ein Radiogeschäft.* Ein Fernsehapparat steht da. Was findet der Junge so interessant? Ein Fußballspiel!* Da kommt ein Bus, aber das Fußballspiel ist so interessant! Ach, der Bus ist schon weg!... und der Junge wartet noch!

Wer steht da rechts? Es ist kein Junge. Ist es eine Frau? Nein, es ist keine Frau, es ist ein Mädchen. Ach, es ist Sigrid! Sie wartet auch, aber da ist keine Haltestelle. Sie wartet da, denn der Vater kommt bald. Hier ist auch ein Laden, aber es ist kein Radiogeschäft. Nein, es

* Compound nouns such as *Radiogeschäft* and *Fußballspiel* take the gender of the last part of the compound. Both of these words are neuter, because *Geschäft* and *Spiel* are neuter.

Mach Mit!

ist ein Modegeschäft. Da steht natürlich kein Fernsehapparat. Da ist ein Kleid. Das Mädchen findet es wunderschön.

Ein Wagen kommt. Der Vater ist da. Sigrid steigt ein. Das Fußballspiel ist zu Ende. Noch kein Bus! Der Junge geht langsam weg.

EXPRESSIONS

Ach, der Bus ist schon weg!	*Oh, the bus has already gone!*
Das Fußballspiel ist zu Ende.	*The football game has finished.*
Noch kein Bus!	*Still no bus!*
Was noch?	*What else?*

VOCABULARY: see p. 156. GRAMMAR: see p. 133.

Exercises

A Answer the following questions on the text:

1 Wer steht links?
2 Was ist noch links?
3 Kommt ein Bus?
4 Wer findet das Fußballspiel interessant?
5 Was kommt?
6 Wie ist das Fußballspiel?
7 Was ist schon weg?
8 Steht eine Frau rechts?
9 Wer steht rechts?
10 Was macht Sigrid?
11 Was ist noch rechts?
12 Wer kommt bald?
13 Ist der Laden rechts ein Radiogeschäft?
14 Was findet Sigrid wunderschön?
15 Kommt ein Wagen?
16 Wer ist da?
17 Was macht Sigrid?
18 Was ist zu Ende?
19 Wer geht weg?
20 Wie geht der Junge weg?

B Use *kein* or *keine* in your answers to each of these questions:

e.g. *Kommt ein Bus? Nein, kein Bus kommt.*

1 Wartet ein Mädchen links?
2 Wartet ein Junge rechts?
3 Kommt ein Hund?
4 Kommt eine Katze?
5 Ist das eine Frau?
6 Ist das ein Mann?
7 Ist das ein Radiogeschäft?
8 Ist das ein Modegeschäft?

Eine Straße

C Rewrite the following, changing *der* (*die*, *das*) into *kein* (*keine*, *kein*) and make any other changes which then become necessary:
  1 Der Mann wartet nicht hier.
  2 Der Hund miaut nicht.
  3 Der Vogel bellt nicht.
  4 Die Frau ist nicht hier.
  5 Die Katze fliegt nicht.
  6 Das Kätzchen ist nicht groß.
  7 Das Mädchen ist keine Frau.
  8 Der Junge ist kein Mann.

D Look at the pictures on pages 3 and 4. Name any person or object, e.g. '*Da ist eine Frau.*' Your neighbour then says what the person or object is doing, e.g. '*Sie sitzt.*' Continue this round the class.

E Learn by heart the second paragraph of the text down to '... kein Fernsehapparat.'

F Write some short and simple sentences about the picture in this chapter, using the following questions as a guide:
   Wer wartet links? Was findet der Junge interessant? Wer wartet rechts? Wer kommt? Was ist zu Ende? Wie geht der Junge weg?

4 DER MOTORROLLER

Sigrid hat einen Roller. Sie hat auch einen Bruder, Wolfgang. Er ist noch zu jung für einen Roller, aber er findet ihn interessant. Er hat ein Fahrrad; aber das ist natürlich nicht so interessant!

Sigrid besucht heute eine Freundin. Sie holt zuerst den Roller für den Bruder, denn er putzt ihn heute für sie. Sigrid geht. Sie geht zu

Der Motorroller

Fuß, denn die Freundin wohnt gleich um die Ecke. Wolfgang putzt den Roller für die Schwester.

Er steigt auf und fährt um das Haus. Wie schön das ist!

Aber was macht er dann? Er fährt durch die Gartentür, saust die Straße entlang und um die Ecke, aber zu schnell! Er fährt gegen eine Straßenlampe. Der Roller saust gegen einen Gartenzaun. Und Wolfgang? Er fliegt durch die Luft — ohne den Roller natürlich.

Bums! Da liegt er. Wo ist er? Er steht langsam auf. Er sieht einen Garten, dann ein Fenster. Ein Mädchen schaut durch das Fenster. Ach, es ist die Schwester!

EXPRESSIONS

zu Fuß *on foot*
gleich um die Ecke *just round the corner*

VOCABULARY: see p. 156. GRAMMAR: see p. 134.

Mach Mit!

Pattern Practice

Answer the following questions as shown in the example.

1 Holt Wolfgang einen *Stuhl* für die Schwester? Nein, er holt keinen *Stuhl*, er holt den Roller für sie.
   Fernsehapparat? Tisch?
   Holt er den *Wagen* für die Schwester? Nein, er holt nicht den *Wagen*, er holt den Roller für sie.
   Vater? Hund?
   Sieht Wolfgang die *Mutter*? Nein, er sieht nicht die *Mutter*, er sieht die Schwester.
   Freundin? Katze?
   Sieht er eine *Haltestelle*? Nein, er sieht keine *Haltestelle*, er sieht eine Straßenlampe.
   Ecke? Uhr? Tür?
   Sieht er ein *Modegeschäft*? Nein, er sieht kein *Modegeschäft*, er sieht ein Haus.
   Radiogeschäft? Fahrrad?
   Sieht er das *Wohnzimmer*? Nein, er sieht nicht das *Wohnzimmer*, er sieht das Fenster.
   Sofa? Kätzchen?

2 Putzt Wolfgang den Roller für die *Mutter*? Nein, er putzt ihn nicht für die *Mutter*, er putzt ihn für die Schwester.
   Freundin? Frau?

3 Saust der Roller gegen *einen Wagen*? Nein, er saust nicht gegen *einen Wagen*, er saust gegen einen Gartenzaun.
   (einen) Laden? Bus? Tisch?
   (ein)   Fenster? Haus? Fahrrad?
   (eine) Straßenlampe? Tür? Gartentür?

4 Geht Wolfgang durch *das Wohnzimmer*? Nein, er geht nicht durch *das Wohnzimmer*, er geht durch den Garten.
   (das) Haus? Modegeschäft? Radiogeschäft?
   (die) Tür? Gartentür?

5 Fährt Wolfgang um *eine Straßenlampe*? Nein, er fährt nicht um *eine Straßenlampe*, er fährt um eine Ecke.
   (eine) Katze? Frau? Freundin?
   (einen) Wagen? Baum? Bus?
   (ein)   Haus? Fahrrad?

Der Motorroller

6 Saust Wolfgang *den Gartenzaun* entlang? Nein, nicht *den Gartenzaun* entlang, er saust die Straße entlang.
(den) Garten?
(das) Haus?

7 Geht Sigrid ohne *den Bruder*? Ja, sie geht ohne *ihn* (*sie, es*).
(den) Vater? Hund? Roller? Wagen?
(die) Mutter? Katze?
(das) Kätzchen? Fahrrad?

8 Findet Wolfgang *den Garten* interessant? Nein, er findet *ihn* (*sie, es*) nicht interessant.
(Use pronouns, not nouns, in your answers.)
(den) Bus? Laden? Wagen? Baum?
(die) Katze? Straßenlampe? Sonne?
(das) Fenster? Wohnzimmer? Kätzchen? Sofa?

Exercises

A Answer the following questions:

1 Was hat Sigrid?
2 Was hat Wolfgang?
3 Was findet er interessant?
4 Was findet er nicht interessant?
5 Besucht Sigrid Frau Schmidt?
6 Wer geht zu Fuß?
7 Wo wohnt die Freundin?
8 Was holt Sigrid für den Bruder?
9 Was macht Wolfgang für sie?
10 Putzt Wolfgang den Roller für die Mutter?
11 Geht Wolfgang um das Haus?
12 Durch was fährt er dann?
13 Fährt er gegen die Schwester?
14 Fliegt er durch das Fenster?
15 Wer liegt da?
16 Wie steht er auf?
17 Wer sieht einen Garten?
18 Was sieht er noch?
19 Wer schaut durch das Fenster?
20 Wer sieht Sigrid?

Mach Mit!

B Herr Braun has none of the following:
Haus, Sofa, Kätzchen; Mutter, Frau, Tochter, Uhr, Katze; Garten, Fernsehapparat, Wagen, Stuhl.
Complete this sad catalogue:
Herr Braun hat kein Haus, ...

C Look at the example and answer the following questions in similar fashion:
e.g. *Hat der Vater einen Roller?*
Answer: *Nein, er hat keinen Roller, er hat einen Wagen.*
 1 Hat Sigrid einen Wagen?
 2 Hat Sigrid eine Schwester?
 3 Hat Wolfgang einen Bruder?
 4 Hat Wolfgang einen Roller?
 5 Hat Herr Gruber einen Bus?
 6 Holt Sigrid ein Fahrrad?
 7 Fährt Wolfgang um einen Baum?
 8 Fliegt Wolfgang durch eine Gartentür?
 9 Saust der Roller gegen eine Tür?
10 Schaut Sigrid durch einen Gartenzaun?

D A game to play in class:
The first pupil says: *Herr Gruber hat einen Wagen.*
The second says: *Herr Gruber hat einen Wagen und ein Haus.*
The third adds another object, and so on round the class.

E Answer the following questions using pronouns instead of nouns in your reply:
 1 Findet Wolfgang den Roller interessant?
 2 Putzt Wolfgang den Roller für Sigrid?
 3 Geht Sigrid ohne den Bruder?
 4 Sieht Wolfgang den Garten?
 5 Findet Wolfgang das Fahrrad interessant?
 6 Putzt Sigrid das Fenster?
 7 Besucht Sigrid die Freundin?
 8 Sieht Wolfgang die Schwester?

F Prepare the second paragraph of the text for a dictation.

Der Motorroller

G Answer these questions in such a way as to make a connected story:

Was macht Wolfgang heute? Steigt er auf? Was macht er dann? Wie fährt er die Straße entlang? Was saust gegen einen Gartenzaun? Wie steht Wolfgang auf? Wer schaut durch das Fenster?

Das ABC

a b c d e f und g h i j k l m n o p q r s t u v w x und y z o weh! Jetzt kann ich das A B C.

O weh!   *alas*
ich kann...,   *I can (do)...*
jetzt   *now*

5 EIN WARENHAUS

Es ist jetzt Sommer. Viele Fenster und Türen sind offen. Die Bäume sind grün, und die Vögel sitzen da und singen. Es ist sehr heiß, und die Hunde und Katzen sind müde. Mütter, Väter und Kinder sitzen oder liegen da, wo die Bäume stehen, denn es ist kühl dort.

Wolfgang und Sigrid gehen heute zu Fuß in die Stadt. Sie ist groß und hat viele Häuser und Läden. Motorroller und Wagen sausen die Straßen entlang. Da sind auch viele Busse und Fahrräder.

Alle Geschäfte sind offen. Hier sind Radiogeschäfte. Wolfgang sieht sie natürlich. Sie haben viele Fernsehapparate und Radios. Männer und Jungen stehen da. Und hier ist ein Modegeschäft. Es hat viele Kleider. Hier stehen viele Frauen und Mädchen. Ein Mann putzt die Fenster. Sie sind groß.

Ein Warenhaus

Die Kinder finden ein Warenhaus. Was suchen sie dort? Sigrid sucht die Kleider. 'Ach, so sind die Schwestern!' sagt Wolfgang. 'Kleider sind nicht interessant!' Er sucht die Radios und die Fernsehapparate. Sigrid sagt: 'Ach, so sind die Brüder! Radios und Fernsehapparate sind nicht schön.'

Da sind Sofas, Stühle und Tische, aber die Kinder finden sie nicht sehr interessant.

Wie spät ist es jetzt? Wo ist eine Uhr? Die Kinder gehen durch das Warenhaus und suchen eine Uhr. So viele Wände und keine Uhren! 'Ach, da ist eine. Ist es schon so spät?' Oh ja, die Straßenlampen brennen schon. Die Kinder gehen schnell nach Hause.

EXPRESSIONS

So sind die Brüder!	*Brothers are like that.*
Wie spät ist es?	*What is the time?*
Sie gehen nach Hause.	*They go home.*

VOCABULARY: see p. 156. GRAMMAR: see p. 134.

Exercises

A Answer the following questions:
1. Was ist offen?
2. Wie sind die Bäume?
3. Was machen die Vögel?
4. Wie ist das Wetter?
5. Was steht da?
6. Was machen die Mütter, die Väter und die Kinder?
7. Wo ist es kühl?
8. Wer sitzt oder liegt dort?
9. Was machen Wolfgang und Sigrid heute?
10. Wie ist die Stadt?
11. Was saust die Straßen entlang?
12. Sind die Geschäfte zu oder offen?
13. Wer steht da?
14. Was hat das Radiogeschäft?
15. Wer putzt die Fenster?
16. Wie sind die Fenster?
17. Was finden die Kinder nicht sehr interessant?
18. Wer sucht eine Uhr?
19. Was brennt?
20. Wie gehen die Kinder nach Hause?

Mach Mit!

B Answer the following questions with pronouns instead of nouns:
1 Findet Wolfgang Radios interessant?
2 Findet Wolfgang den Roller interessant?
3 Findet Wolfgang das Fahrrad interessant?
4 Findet Sigrid Radios und Fernsehapparate interessant?
5 Findet Sigrid Kleider interessant?
6 Finden Mädchen Kleider interessant?
7 Finden Katzen Vögel interessant?
8 Finden Hunde Katzen interessant?

C Use plural nouns in answering the following questions:
e.g. *Hier ist ein Radiogeschäft. Was findet Wolfgang dort interessant? Er findet die Radios interessant.*
1 Hier ist ein Warenhaus. Was sieht Wolfgang dort?
2 Hier ist die Straße. Was sieht Wolfgang dort?
3 Hier ist ein Garten. Was sieht Wolfgang dort?
4 Hier ist ein Wohnzimmer. Was putzt die Frau dort?

D Answer these questions using plural forms in your answers:
e.g. *Was fliegt? Vögel fliegen.*
1 Was ist grün?
2 Was hat viele Kleider?
3 Was hat viele Radios und Fernsehapparate?
4 Was singt?
5 Was ist weich?
6 Was saust die Straßen entlang?
7 Was bellt?
8 Was ist hart?

E Learn by heart the first paragraph of the text.

F Answer the following questions so as to make a connected narrative. Use plural forms where possible.

(*a*) *A street*
Was machen die Motorroller und Wagen? Wie sind die Busse? Wie sind die Warenhäuser? Sind die Modegeschäfte interessant für Frauen oder für Männer? Und die Radiogeschäfte?

(*b*) *A garden*
Was scheint? Was steht dort? Wie sind die Bäume? Wo ist es nicht so heiß? Was machen die Kinder?

REVISION 1

A Rewrite the following passage, leaving out all mention of Herr Wagner. Herr Schulz has only one of each of the items mentioned. Start with: 'Herr Schulz hat...'

Herr Schulz und Herr Wagner haben Häuser. Die Häuser sind schön. Die Gärten sind groß und haben Gartenzäune. Bäume stehen dort. Herr Schulz und Herr Wagner haben auch Wagen. Sie haben keine Motorroller und keine Fahrräder. Die Wagen sind sehr schön. Sie putzen sie heute.

Sie haben Hunde, aber keine Katzen und keine Kätzchen.

Sie haben Wohnzimmer. Da stehen Sofas und Stühle, Tische und Fernsehapparate.

Herr Schulz und Herr Wagner sind noch jung, aber sie haben Kinder. Die Frauen und die Töchter besuchen heute die Stadt.

When you have written the exercise out correctly, close the textbook and rewrite the passage in its original form.

B Make up questions from the following statements, starting each question with one of the words in brackets. Get your neighbour to answer your question:

e.g. *Die Frau ist schön. (wer, wie)*
   (a) Wer ist schön?
   (b) Wie ist die Frau?

1 Herr Gruber steht da. (wer, wo)
2 Er putzt den Wagen. (wer, was)
3 Das Kätzchen findet den Wagen nicht interessant. (was, wie)
4 Es kommt langsam um die Ecke. (was, wie)
5 Der Hund steht dort. (was, wo)
6 Das Kätzchen ist interessant für den Hund. (was, wie)
7 Sigrid kommt schnell. (wer, wie)
8 Sie hebt es auf. (wer, was)

C Give the plural forms of the following words, and see if you can find any rules for the formation of plurals:

der: Baum, Stuhl, Tisch;
   Bruder, Garten, Laden, Vater, Vogel, Wagen, Roller;

Mach Mit!

die: Ecke, Haltestelle, Katze, Sonne, Straße, Schwester, Straßenlampe;
Luft, Wand;

das: Fenster, Kätzchen, Mädchen, Wohnzimmer;
Haus, Kind, Kleid;
Radio, Sofa.

D Leaving the phrases on the left in the same order, add to each a phrase from the right so that the resultant passage makes good sense. Use each phrase once only.

Ein Bus kommt die	die Ecke.
Er kommt zu schnell um	keinen Gartenzaun und keine Garage.
Er fährt durch einen	
Er fährt dann	gegen eine Garage.
Das ist nicht schön für	Peter Schmidt.
Er hat jetzt	Gartenzaun.
	Straße entlang.

E Prepare the third paragraph of the text for a dictation.

F Answer the following questions about the classroom in such a way as to make a continuous narrative.

Sind viele Kinder hier? Sind sie alle groß? Stehen sie? Wie sind die Stühle?

Wie sind die Wände? Brennen die Lampen oder brennen sie nicht? Ist die Tür offen oder zu? Sind die Fenster alle zu?

Scheint die Sonne durch das Fenster? Wie ist das Wetter? Ist es warm oder kühl?

6 WAGNERS KAUFEN EIN AUTO

Herr Gruber fährt die Straße entlang und sieht rechts eine Bushaltestelle. Da warten Herr und Frau Wagner, die Nachbarn. Herr Gruber hält und öffnet das Fenster.

'Guten Tag,' sagt er. 'Ich fahre durch die Stadt. Kommen Sie mit?' Herr und Frau Wagner steigen ein, und Herr Wagner sagt: 'Danke schön! Ich warte oft lange dort, denn die Busse sind so voll. Ich bin wirklich müde.' 'Warum kaufen Sie denn keinen Wagen?' fragt Herr Gruber. Herr Wagner antwortet: 'Wir kaufen bald einen Wagen. Wir brauchen wirklich einen. Aber Autos sind sehr teuer, und wir sind nicht reich. Ich kaufe also keinen Mercedes.'* 'Fahren Sie auch, Frau Wagner?' fragt Herr Gruber. 'Ja, wir fahren beide. Und wir haben schon eine Garage. Wir brauchen nur noch den Wagen!'

Sie sehen ein Autohaus und halten wieder. Da stehen viele Autos. Sie sind alle neu. 'Sehen Sie den Volkswagen dort?' fragt Herr Wagner. 'Ich finde ihn gut, und er ist auch nicht sehr teuer.' 'Ja, ich finde ihn auch schön,' sagt Herr Gruber. 'Und Sie, Frau Wagner,

---

* *der* Mercedes, *der* Ford, etc.

Mach Mit!

wie finden Sie ihn?' Frau Wagner sagt: 'Er hat viel Platz, und die Farbe ist auch sehr schön.' 'Kaufen Sie ihn denn?' fragt Herr Gruber. 'Ja, wir kaufen ihn,' antwortet Herr Wagner, 'und wir fahren Sie dann bald in die Stadt, nicht wahr, Herr Gruber?'

EXPRESSIONS

Guten Tag!	*Good morning! (Good afternoon!)*
Kommen Sie mit?	*Are you coming along too?*
Danke schön!	*Thank you very much.*
Wir brauchen wirklich einen Wagen.	*We really need a car.*
nicht wahr?	*won't we?, don't you?, etc. (cf. isn't that so?)*

VOCABULARY: see p. 157. **GRAMMAR**: see p. 135.

1. Café am Kröpcke, Hannover

2. Marktkirche in der Altstadt, Hannover

Wagners kaufen ein Auto

Exercises

A Answer the following questions:

1. Wer fährt durch die Stadt?
2. Fahren Sie oft durch die Stadt?
3. Wer sieht eine Bushaltestelle?
4. Wo sieht er sie?
5. Wer öffnet das Fenster?
6. Wer steigt ein?
7. Was ist oft so voll?
8. Herr Wagner wartet oft lange. Wie ist er dann?
9. Wer kauft bald einen Wagen?
10. Warum kaufen sie den Wagen? ('Sie brauchen...')
11. Was ist teuer?
12. Wer ist nicht reich?
13. Sind Sie reich?
14. Haben Sie einen Wagen?
15. Wer sieht ein Autohaus?
16. Was steht da?
17. Wie sind die Wagen?
18. Wie findet Frau Wagner den Volkswagen?
19. Kaufen Herr und Frau Wagner einen Mercedes?
20. Wer fährt Herrn* Gruber bald in die Stadt?

B Imagine you are asking somebody some questions about cars. Here is a list of suggested questions, but you have to change them from the 3rd to the 2nd person before you can ask them.

e.g. *Kauft er einen Wagen?*
  Your question: *Kaufen Sie einen Wagen?*

1. Hat er einen Wagen?
2. Fährt er oft?
3. Braucht er wirklich einen Wagen?
4. Ist er reich?
5. Findet er den Mercedes schön?
6. Kauft er bald einen Mercedes?
7. Sieht er den Volkswagen dort?

* *Herr* is a weak masculine noun. This means it ends with -*n* everywhere except in the nominative singular. The same applies to *Nachbar* and *Junge*.

Mach Mit!

8 Findet er die Farbe schön?
9 Saust er die Straße entlang?
10 Fährt er schnell oder langsam?

C Imagine you are Herr Krüger and that you are with your wife. Rewrite the following passage, starting with '*Wir*...' instead of '*Frau Krüger*...' and make any necessary alterations. (You both do the same things!)

Frau Krüger wohnt in München und sie findet die Stadt sehr interessant. Aber heute ist es sehr warm. Frau Krüger geht die Straße entlang. Sie ist sehr müde. Sie sucht eine Bushaltestelle und wartet dort; aber sie wartet nicht lange, denn ein Bus kommt bald. Sie steigt ein und öffnet das Fenster. Es ist jetzt kühl. Frau Krüger findet das schön. Sie schaut durch das Fenster und sieht viele Läden. Sie fährt nicht lange. Da ist schon die Haltestelle. Frau Krüger steigt aus und geht langsam nach Hause.

D Turn the following into a dialogue between the persons mentioned on the left:

(Herr Gruber to Herr Wagner)	Fährt Herr Wagner heute in die Stadt?
(Herr W. to Herr G.)	Ja, er holt den Volkswagen. Kommt Herr Gruber mit?
(Herr G. to Herr W.)	Nein, er kommt nicht mit. Er putzt heute den Wagen.
(Herr and Frau W. to Frau G.)	Kommt Frau Gruber mit? Sie findet die Modegeschäfte interessant, nicht wahr?
(Frau G. to Herr and Frau W.)	Ja, sie fährt mit. Sie kauft ein Kleid.
(Herr W. to Frau G.)	Herr und Frau Wagner fahren bald, denn sie haben viel zu kaufen.
(Herr W. to Frau G.)	Kommt sie jetzt?
(Frau G. to Herr W.)	Ja, sie kommt.
(Frau G. to Herr G.)	Sie ist bald wieder da.

Wagners kaufen ein Auto

E Leaving the phrases on the left in the same order, add to each a phrase from the right, so that the resultant passage makes good sense. Use each phrase once only:

Hier ist	ich.
Meine Frau und ich	sieht den Stuhl auch.
Sie sind aber	nicht sehr reich.
Wir sind	ein Warenhaus.
Ich	ist zu teuer.'
Ich finde	er.
Meine Frau sagt: 'Er	suchen Stühle für das Wohnzimmer.
Ein Mann	sehe einen Stuhl.
'Er ist wunderschön,' sagt	sehr teuer.
'O weh!' sage	ihn schön.

F Learn by heart from 'Guten Tag...' to '...fragt Herr Gruber.'

G Answer the following questions in such a way as to make a continuous narrative:

Wo sieht Herr Gruber eine Bushaltestelle, rechts oder links? Was macht er dann? Wer steht da? Was fragt Herr Gruber? Wer steigt ein? Was hat Herr Wagner nicht? Was machen Herr und Frau Wagner bald? Warum? Kaufen sie einen Mercedes? Wer fährt Herrn Gruber bald in die Stadt?

7 DIE KINDER GEHEN IN DIE SCHULE

Sigrid und Wolfgang gehen heute in die Schule. Das Frühstück ist fertig. Aber wo ist Wolfgang? Schläft er vielleicht noch? Welch eine Frage! Sigrid ruft ihn. Keine Antwort. Natürlich schläft er noch! Sie klopft an die Tür. 'Wir essen gleich Frühstück, Faulpelz!' ruft sie. 'Was gibt es zu essen?' fragt Wolfgang. 'Heute gibt es Eier und Brötchen,' antwortet die Schwester. 'Schön, Eier esse ich gern. Ich komme gleich.'

Da kommt der Junge. Sigrid ißt schon. Wolfgang nimmt ein Ei und ein Brötchen. Dann nimmt er noch ein Brötchen. Beide Kinder essen viel. Sigrid ist fertig. Sie steht auf, holt den Roller und fährt los. Und Wolfgang? Wolfgang nimmt noch vier Brötchen und ißt sie. 'Wie viele, bitte?' fragen Sie? Noch vier! Dann nimmt er die Bücher und geht in die Garage, wo das Fahrrad steht. Er steigt auf und saust los. Jetzt schlägt es schon acht Uhr, und um acht beginnt die Mathematikstunde.

'Kommen Sie schon wieder zu spät, Gruber?' sagt der Lehrer. 'Und Sie wohnen nur fünf Minuten von hier? Sie schlafen viel zu lange, Sie Faulpelz! Sie bekommen eine Übungsaufgabe. Nehmen Sie das Buch und machen Sie Aufgabe drei auf Seite sieben! Wie bitte, Gruber, Sie haben das Buch nicht da? Welch ein Schüler! Sie bekommen noch eine Übungsaufgabe! Und jetzt gehen Sie gleich

Die Kinder gehen in die Schule

wieder, nehmen Sie das Fahrrad und fahren Sie nach Hause! Holen Sie das Buch und kommen Sie bald wieder!'

Wolfgang geht schnell, denn er hat Mathematik nicht gern. Aber zwei Übungsaufgaben, o weh!

EXPRESSIONS

Welch eine Frage!	*What a question!*
Sie klopft an die Tür.	*She knocks at the door.*
es gibt	*there is, there are*
Eier esse ich gern.	*I like (to eat) eggs.*
noch ein Brötchen	*another roll*
Sie fährt los.	*She sets off.*
wie viele?; wieviel?	*how many?; how much?*
um acht (Uhr)	*at eight (o'clock)*
fünf Minuten von hier	*five minutes from here*
Wie bitte?	*I beg your pardon?*
Er hat Mathematik nicht gern.	*He doesn't care for mathematics.*

VOCABULARY: see p. 157. GRAMMAR: see p. 136.

Mach Mit!

Pattern practice

Repeat the following, putting the words in italics at the beginning, and making any other changes which become necessary:

1 Sigrid und Wolfgang gehen *heute* in die Schule.
2 Es gibt *heute* Eier und Brötchen zu essen.
3 Wolfgang schläft *vielleicht* noch.
4 Wir essen *gleich*.
5 Wolfgang ißt gern *Eier*.
6 Der Junge kommt *gleich*.
7 Der Junge geht *schon*.
8 Das Fahrrad steht *in der Garage*.
9 Es schlägt schon *acht Uhr*.
10 Es schlägt *schon* acht Uhr.
11 Sie kommen *schon wieder* zu spät!
12 Die Aufgabe ist *auf Seite sieben*.
13 Er hat *das Buch* nicht da.
14 Er geht *gleich* wieder nach Hause.
15 Er fährt gern *nach Hause*.
16 Er fährt nicht *sehr schnell*.
17 Er kommt *bald* wieder in die Schule.
18 Er kommt *in zehn Minuten* wieder.
19 Er kommt nicht wieder *zu spät*.
20 Er hat *Mathematik* nicht gern.

Exercises

A Answer the following questions:

1 Wer geht in die Schule?
2 Wer schläft noch?
3 Was macht Sigrid?
4 Wer gibt keine Antwort?
5 Warum klopft Sigrid an die Tür?
6 Was gibt es zu essen?
7 Was ißt Wolfgang gern?
8 Essen Sie gern Eier?
9 Wer kommt gleich?
10 Wer ißt viel?
11 Wie viele Eier und wie viele Brötchen nimmt Wolfgang?
12 Was holt er aus der Garage?

Die Kinder gehen in die Schule

13 Wie fährt Wolfgang los?
14 Wie spät ist es?
15 Was beginnt um acht Uhr?
16 Wer kommt wieder zu spät?
17 Kommen Sie auch oft zu spät?
18 Wer schläft zu lange?
19 Sind Sie auch ein Faulpelz?
20 Wo steht Aufgabe drei?
21 Was hat Wolfgang nicht da?
22 Warum geht Wolfgang gern nach Hause?
23 Wie lange fährt Wolfgang nach Hause?
24 Wer hat Mathematik nicht gern?
25 Wie viele Übungsaufgaben bekommt Wolfgang?

B Wherever the word *ein* (or *eine*) appears in the exercise, change it to *zwei* and make any other changes which then become necessary.

Ich esse ein Ei und ein Brötchen. Ich nehme ein Buch und gehe in die Schule. Die Stunde beginnt. Ich bekomme eine Frage und gebe eine Antwort. Sie ist nicht gut.

Ein Junge ißt. Dann schlägt er die Nachbarn. Er bekommt eine Übungsaufgabe.

Ich gehe um ein Uhr nach Hause. Ich nehme das Mathematikbuch. Ich mache eine Aufgabe. Dann schlafe ich eine Stunde.

C (*a*) Read out the following, and supply any missing figures:

$1 + 1 = 2$ $2 + 3 = ?$ $3 + 4 = ?$
$1 + 3 = 4$ $5 + 0 = ?$ $4 + ? = 8$
$2 + 5 = 7$ $6 + 3 = ?$ $7 + ? = 10$

(*b*) Answer the following questions:

1 Wie viele Roller hat Sigrid?
2 Wie viele Schwestern hat Wolfgang?
3 Wie viele Stunden haben Sie heute?
4 Wie viele Lehrer haben Sie?
5 Wie viele Brüder haben Sie?
6 Wie viele Lampen sehen Sie?

Mach Mit!

D Make up the orders the teacher would give to get the following things done:

e.g. *Der Schüler sucht das Buch.*
   Order: *Suchen Sie das Buch!*

   1 Die Schüler singen nicht.
   2 Die Schüler fragen viel.
   3 Wolfgang nimmt das Mathematikbuch.
   4 Die Schüler machen Aufgabe 7.
   5 Ein Schüler geht zur Tür.
   6 Der Schüler holt das Buch.
   7 Wolfgang steht auf.
   8 Er schlägt den Nachbarn nicht wieder.
   9 Wolfgang geht nicht zu Fuß nach Hause.
   10 Er fährt nach Hause.
   11 Wolfgang ißt das Brötchen jetzt nicht.
   12 Der Schüler schläft hier nicht.

   When you have written down the orders, close the text-book and change the orders back into statement form.

E Prepare the second paragraph of the text for a dictation.

F Answer the following questions so as to make a connected narrative:

   Schlafen Sie lange? Wie viele Stunden schlafen Sie? Um wieviel Uhr essen Sie Frühstück? Essen Sie gern Eier?

   Haben Sie heute eine Mathematikstunde? Haben Sie Mathematik gern? Wer sagt: 'Öffnen Sie das Mathematikbuch!'? Und was machen Sie dann?

   Sind Sie faul? Sind Sie sehr klug? Bekommen Sie oft eine Übungsaufgabe? Schlagen Sie oft den Nachbarn? Essen Sie hier?

   Ist die Aufgabe bald zu Ende? Was machen Sie dann?

Die Kinder gehen in die Schule

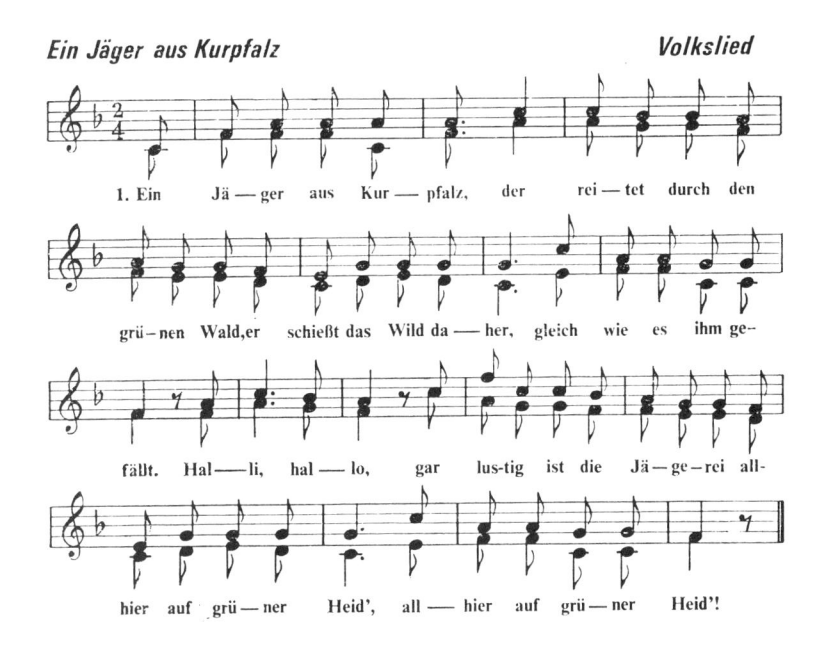

Ein Jäger aus Kurpfalz *Volkslied*

1. Ein Jäger aus Kurpfalz, der reitet durch den grünen Wald, er schießt das Wild daher, gleich wie es ihm gefällt. Hallli, hallo, gar lustig ist die Jägerei allhier auf grüner Heid', allhier auf grüner Heid'!

2. Auf, sattelt mir mein Pferd
und legt darauf mein' Mantelsack,
so reit ich hin und her
als Jäger aus Kurpfalz.

3. Jetzt reit ich nicht mehr heim,
bis daß der Kuckuck „kuckuck" schreit;
er schreit die ganze Nacht
allhier auf grüner Heid'.

8 DER AUSFLUG

Wolfgang macht heute einen Ausflug mit der Schwester. Nach dem Frühstück geht er mit ihr zum Bahnhof, denn sie fahren mit dem Zug nach Detmold und von dort mit der Straßenbahn nach Berlebeck, einem Dorf bei Detmold. Nicht weit von dort steht das Hermannsdenkmal. Zu diesem Denkmal fahren die Kinder.

Der Ausflug

Sigrid liest ein Buch und Wolfgang sitzt ihr gegenüber. Dann steht er auf und schaut durch das Fenster.

Nach einer Stunde sind sie schon in Detmold. Sie steigen aus dem Zug und nehmen die Straßenbahn nach Berlebeck. Hier steigen sie aus und gehen nach links zum Teutoburger Wald. Dieser Wald ist groß und dicht, und es ist dort so dunkel wie bei Nacht.

Da ist schon das Denkmal. Sigrid öffnet das Buch und liest: 'Hermann (Arminius), Sieger bei der Schlacht gegen die Römer, 9 n. Chr ...'. Vom Denkmal aus ist die Aussicht sehr schön.

Nach einer Stunde steigen sie wieder vom Denkmal und gehen dann weiter. Bald sieht Wolfgang einen Baum mit Birnen. Seit Stunden scheint die Sonne sehr heiß, und Wolfgang hat Durst. Er steigt durch einen Zaun, geht zu dem Baum und nimmt eine Birne. Da bellt ein Hund. Wolfgang läuft schnell vom Baum zum Zaun. Aber der Hund läuft auch schnell, springt hoch und reißt ein Stück aus Wolfgangs Hose.

Wolfgang stürzt vom Zaun. Sigrid läuft zu ihm, aber er steht schon wieder auf. Er geht langsam vom Garten weg, ohne Birne, und ach, auch ohne Hosenboden! Und wohin gehen sie jetzt? Seit dem

Mach Mit!

Abenteuer mit dem Hund hat Wolfgang genug vom Ausflug. Also nehmen sie die Straßenbahn und dann den Zug nach Hause; aber Wolfgang steht nicht bei dieser Fahrt — er sitzt!

EXPRESSIONS

nach links	*to the left*
so dunkel wie bei Nacht	*as dark as at night*
n. Chr. (nach Christi Geburt)	*A.D.*
vom Denkmal aus	*from the monument*
Sie gehen weiter.	*They go on.*
Er hat Durst.	*He is thirsty.*
Der Hund springt hoch.	*The dog jumps up.*
Wolfgang hat genug vom Ausflug.	*Wolfgang has had enough of the trip.*

VOCABULARY: see p. 158. GRAMMAR: see p. 137.

Pattern practice

1 Wolfgang fährt mit der Schwester.
   Fährt er mit der Mutter? Katze? Freundin? Frau?;
   dem Lehrer? Freund? Vater? Jungen?
   (Answer these again, using pronouns in the answers, e.g. *Fährt er mit der Mutter? Nein, er fährt nicht mit ihr, er fährt mit der Schwester.*)

2 Wolfgang geht nach der Schwester aus dem Haus.
   Geht er nach der Mutter aus dem Haus? Freundin? Katze? Frau?;
   dem Kätzchen? Mädchen?;
   dem Hund? Jungen? Bruder? Nachbarn?
  Wolfgang geht nach der Mathematikstunde aus der Schule.
   Geht er nach der Übungsaufgabe aus der Schule? Geographiestunde? Hausaufgabe?;
   dem Fußballspiel? Frühstück? Abenteuer?;
   Ausflug?

3 Das Kätzchen springt vom Baum.
   Springt es vom Denkmal? Fenster? Fahrrad? Haus? Sofa? Radio?;
   Zug? Fernsehapparat? Bus? Gartenzaun? Tisch? Stuhl?;
   von der Straßenbahn? Gartentür? Straßenlampe? Garage?

Der Ausflug

4 Wolfgang geht zu einem Baum.
   Geht er zu einem Hund? Zug? Stuhl? Nachbarn?;
   zum Lehrer? Schüler? Bus? Hund? Bahnhof?;
   zu einem Denkmal? Fußballspiel? Kind? Mädchen?;
   zum Fenster? Frühstück? Radio? Kätzchen?;
   zu einer Garage? Straßenlampe? Mathematikstunde? Frau? Katze?;
   zur Mutter? Freundin? Gartentür? Haltestelle? Tür? Schule?
5 Wolfgang kommt aus einem Wald.
   Kommt er aus einem Zug? Bahnhof? Garten? Wagen? Bus? Laden?
   Auto? Dorf? Autohaus? Fenster? Wohnzimmer?;
   aus einer Schule? Straßenbahn? Garage? Gartentür?
6 Der Hund ist bei dem Nachbarn.
   Ist er bei dem Jungen? Vater? Lehrer? Schüler?;
   Mädchen? Kind? Kätzchen?;
   der Frau? Freundin? Mutter? Katze?
   (Answer these again, using pronouns in the answers.)
7 Seit einer Minute ist das Kind weg.
   Ist es seit einer Stunde weg?;
   der Nacht? Fahrt? Schlacht?;
   dem Frühstück? Fußballspiel? Abenteuer?;
   Sommer? Ausflug?
8 Wolfgang sitzt einem Schüler gegenüber.
   Sitzt er einem Römer gegenüber? Mann? Lehrer? Nachbarn? Herrn? Hund?;
   einer Freundin? Frau? Katze? Tür? Uhr?;
   einem Mädchen? Fenster? Sofa? Kätzchen?

Exercises

A Answer the following questions:
   1 Was machen Wolfgang und Sigrid heute?
   2 Womit fahren sie nach Detmold?
   3 Und nach Berlebeck?
   4 Was ist Berlebeck und wo liegt es?
   5 Wohin fahren die Kinder?
   6 Wo sitzt Wolfgang?
   7 Wer steht auf?
   8 Wie lange fahren die Kinder nach Detmold?

Mach Mit!

9 Liegt das Denkmal links oder rechts von der Haltestelle?
10 Besuchen die Kinder den Wald bei Tag oder bei Nacht?
11 Von wo aus haben sie eine gute Aussicht?
12 Wann gehen sie weiter?
13 Wer sieht die Birnen?
14 Seit wann scheint die Sonne?
15 Ißt Wolfgang eine Birne?
16 Wohin läuft er?
17 Hat er eine Birne?
18 Wie geht Wolfgang vom Garten weg?
19 Seit wann hat er genug vom Ausflug?
20 Wann steht Wolfgang nicht?

B Leaving the phrases on the left in the same order, add to each a phrase from the right so that the resultant passage makes good sense. Use each phrase once only.

Bonn liegt	Nacht.
Nach	ist er oft.
Mit dem	entlang.
Mit dem Auto	von Herrn Gruber?
Er fährt bei	er.
Er fährt die Autobahn	von Ian Fleming.
Von Hannover ist es	fährt er.
Von der Fahrt ist er	bei Köln.
Er fährt von	müde nach drei Stunden.
Dort ißt	Bonn fährt heute Herr Wagner.
Er liest ein Buch	Zug fährt er nicht.
Ach, wer sitzt dort, der Tür	weit nach Bonn.
Ist das nicht der Bruder	gegenüber?
Ja, bei ihm	der Autobahn zu einem Restaurant.

C Answer the following questions, using the words in brackets in your answers: (The questions refer to the text of this lesson.)
e.g. *Fährt Wolfgang mit dem Vater? (mit)*
Nein, er fährt mit der Schwester.
1 Wohin gehen Sigrid und Wolfgang? (zu)
2 Wohin fahren sie mit dem Zug? (nach)
3 Wo sitzt Sigrid? (gegenüber)

Der Ausflug

  4 Wann sind sie in Detmold? (nach)
  5 Fahren sie mit dem Zug nach Berlebeck? (mit)
  6 Wann ist es dunkel? (bei)
  7 Von wo aus ist die Aussicht schön? (von ... aus)
  8 Stürzt Wolfgang vom Denkmal? (von)
  9 Scheint die Sonne seit einer Stunde? (seit)
10 Reißt der Hund ein Stück aus der Birne? (aus)

D Answer the following questions, using the words in brackets in your answers:

  1 Von wo kommen Sie? (von)
  2 Wie kommen Sie in die Schule? (mit, zu)
  3 Wo ist die Schule? (gegenüber)
  4 Seit wann sind Sie heute in der Schule? (seit)
  5 Wann gehen Sie nach Hause? (nach)
  6 Wie kommen Sie von hier nach Hause? (aus, zu, mit, nach)

E Read the following passage and then answer the questions, using pronouns instead of the words in italics in your answers:

Herr Gruber sitzt Frau Gruber gegenüber und liest ein Buch von Ian Fleming. Sigrid kommt mit dem Frühstück zum Vater. Nach Sigrid kommt Wolfgang. Wolfgang bekommt von der Schwester zwei Brötchen und ein Ei. Er sagt zu der Schwester: 'Danke schön, Sigrid', und zu dem Vater sagt er 'Guten Morgen.' Er bekommt keine Antwort von dem Vater, denn das Buch von Ian Fleming ist so interessant. Nach dem Frühstück geht Wolfgang mit Sigrid in die Schule.

  1 Sitzt Herr Gruber *Frau Gruber* gegenüber?
  2 Sitzt Frau Gruber *Herrn Gruber* gegenüber?
  3 Liest Herr Gruber ein Buch von *Ian Fleming*?
  4 Kommt Sigrid mit dem Frühstück zu *der Mutter*?
  5 Kommt Wolfgang nach *Sigrid*?
  6 Was bekommt Wolfgang von *der Schwester*?
  7 Was sagt Wolfgang zu *Sigrid*?
  8 Was sagt er zu *dem Vater*?
  9 Wer bekommt keine Antwort von *dem Vater*?
10 Geht Sigrid mit *Wolfgang* in die Schule?

Mach Mit!

F The following description of the pictures in this lesson is wrong in numerous ways. Alter it where necessary so that it fits the pictures.

1st picture: Wolfgang geht zu der Bushaltestelle.
2nd picture: Wolfgang steigt durch das Fenster. Sigrid steht. Das Buch ist zu. Sigrid liest nicht.
3rd picture: Wolfgang steigt durch den Zaun. Ein Hund steht da mit einem Stück aus Sigrids Kleid. Sigrid geht langsam von dem Bruder weg.

G Rewrite the following passage, leaving out all mention of Frau Schmidt. Herr Schmidt goes to the shop alone.

Herr und Frau Schmidt gehen mit dem Radio zum Auto, steigen ein und fahren los. Bald sehen sie ein Radiogeschäft und halten dort. Sie nehmen das Radio und laufen zum Geschäft. Die Tür ist zu. Sie klopfen an die Tür. Ein Mann kommt und öffnet sie. 'Lesen Sie das, bitte!' sagt er. Herr und Frau Schmidt lesen: 'Geschäftszeit* 8.00–18.00 Uhr.' 'Jetzt ist es schon nach sechs Uhr.' Herr und Frau Schmidt fahren nach Hause.

H Learn by heart the third paragraph of the text.

I Answer the following questions about 'The Night' in such a way as to make a connected narrative. Start with the words: '*Bei Nacht . . .*'

Fahren viele Autos durch die Stadt? Die Straßen sind nicht dunkel — was brennt dort? Sind die Läden offen?

Gehen Sie oft spät nach Hause? Wie ist der Garten? Was machen die Vögel? Was sitzt da und miaut gegenüber dem Fenster? Stehen die Türen offen? Ist die Luft warm oder kühl?

Wie viele Stunden schlafen Sie? Sind Sie jetzt schon müde?

* Business-hours.

STUNDENPLAN							
Uhrzeit	Montag	Dienstag	Mittwoch	Donnerstag	Freitag	Samstag
8.00– 8.45	Geographie	Latein	Turnen	Algebra	Geometrie	Latein
8.45– 9.30	Latein	Deutsch	Geometrie	Geographie	Latein	Deutsch
9.35–10.20	Religion	Englisch	Deutsch	Latein	Geschichte	Geographie
10.20–10.40	Pause	Pause	Pause	Pause	Pause	Pause
10.40–11.20	Turnen	Englisch	Musik	Biologie	Biologie	Englisch
11.25–12.10	Deutsch	Mathematik	Zeichnen	Religion	Latein	
12.15–13.00	Englisch	Mathematik	Zeichnen	Geschichte	Englisch	

9 DIE SCHULE

Wie sind die Schulen in Deutschland? Und die Lehrer? Sind sie alle nett, wie in England? Oder leiden die Kinder manchmal dort? Bekommen sie vielleicht zu viele Hausaufgaben und Übungsaufgaben?

Wolfgang Gruber leidet oft. Er findet, er hat immer zu viele Hausaufgaben und viel zu viele Übungsaufgaben; aber dieser Junge ist manchmal auch wirklich dumm.

Um 7 Uhr steht er auf, denn um 8 Uhr beginnt schon der Unterricht. 'O weh!' sagen Sie? Aber dafür endet er auch schon um 1 Uhr. Das ist schon besser, nicht wahr? Der Morgen beginnt also sehr früh für Wolfgang, aber er hat jeden Nachmittag frei.

Die erste Stunde beginnt um 8.00 und endet um 8.45. Dann kommen noch zwei Stunden, von 8.45 bis 9.30 und von 9.35 bis 10.20. Um diese Zeit beginnt eine Pause von 20 Minuten. Nach dieser Pause kommen noch drei Stunden: von 10.40 bis 11.20, von 11.25 bis 12.10 und von 12.15 bis 13.00 Uhr. Dann ist die Schule aus. Wolfgang findet den Vormittag sehr lang.

Um welche Zeit kommt Wolfgang nach Hause? Gegen $\frac{1}{4}$ 2. Das Mittagessen ißt er immer zu Hause. Und was macht er nachmittags? Gegen $\frac{3}{4}$ 2 ist er mit dem Mittagessen fertig und beginnt — manchmal, aber nicht immer — mit den Hausaufgaben. Dann spielt oder liest er — gewöhnlich spielt er. Er geht nicht sehr früh zu Bett, immer gegen $\frac{1}{2}$ 10, denn er ist bald 15 Jahre alt.

Mach Mit!

In Deutschland denken die Lehrer vielleicht so: Der Vormittag ist für die Arbeit gut. Nach dem Mittagessen ist jeder ein bißchen faul. Also gibt es nur vormittags Schule. Sagen Sie mal, welches System finden Sie besser, und welche Schüler sind besser daran?

EXPRESSIONS

viel zu viele	*far too many*
Dieser Junge ist manchmal auch wirklich dumm.	*This boy is really stupid sometimes.*
Aber dafür endet er auch schon um 1 Uhr.	*But then it finishes as early as one o'clock.*
die erste Stunde	*the first lesson*
Die Schule ist aus.	*School is over.*
gegen ¼ 2	*at about a quarter past one*
zu Hause	*at home*
Er geht zu Bett.	*He goes to bed.*
Sagen Sie mal! ...	*Tell me, now ...*
Er ist besser daran.	*He is better off.*

VOCABULARY: see p. 158. GRAMMAR: see p. 138.

Exercises

A Answer the following questions:
1. Wo sind die Lehrer alle nett?
2. Bekommen Sie zu viele Hausaufgaben?
3. Wer bekommt oft Übungsaufgaben?
4. Welcher Junge ist manchmal dumm?
5. Sind Sie schon um 7 Uhr auf?
6. Wann beginnt der Unterricht gewöhnlich in England?
7. Wann endet der Unterricht gewöhnlich in England?
8. Haben Sie jeden Nachmittag frei?
9. Wie viele Stunden hat Wolfgang gewöhnlich?
10. Wie viele Minuten hat eine Unterrichtsstunde in Wolfgangs Schule?
11. Wie viele Stunden hat Wolfgang noch nach der Pause?
12. Wann ist Wolfgang wieder zu Hause?
13. Um wieviel Uhr beginnt er die Hausaufgaben?
14. Was macht Wolfgang gegen ½ 10 abends?
15. Wie alt ist er?
16. Ist der Vormittag besser für die Arbeit oder der Nachmittag?

Die Schule

17 Lesen oder spielen Sie nach den Hausaufgaben?
18 Lesen Sie oft?
19 Wer ist ein bißchen faul nach dem Mittagessen?
20 Wo sind die Schüler besser daran, in England oder in Deutschland?

B (*a*) Read the following and supply any missing figures:

10 + 1 = ?	14 + ? = 15	25 + ? = 27	11 + ? = 51
12 + 1 = ?	4 + ? = 25	17 + ? = 36	8 + 10 = ?
20 + ? = 23	49 + ? = 56	9 + 7 = ?	18 + 3 = ?
31 + ? = 59	6 + 8 = ?	15 + ? = 19	11 + ? = 30
5 + 7 = ?	3 + ? = 17	13 + 16 = ?	6 + 46 = ?

(*b*) Answer the following questions:
1 Wie viele Lehrer sehen Sie?
2 Wie viele Wände sehen Sie?
3 Wie viele Stunden haben Sie heute?
4 Wie viele Stunden haben Sie heute nach dem Mittagessen?
5 Wie viele Hausaufgaben haben Sie heute?
6 Wie viele Fragen hat Aufgabe B?
7 Wie viele Schüler sehen Sie?
8 Wie viele Stunden hat ein Tag?

C Look at Wolfgang's timetable and alter the following description of it wherever it is wrong:

Wolfgang hat fünf Deutschstunden, drei Englischstunden, sechs Geographiestunden und sieben Mathematikstunden. Der Unterricht beginnt um neun und endet um vier Uhr. Die Pause ist immer von 10.00 bis 10.30 Uhr. Heute (Montag) hat er nur drei Stunden. Er hat jeden Vormittag frei.

D Write out, in full and in figures, five times between 8 and 9 o'clock (hours and minutes only). The teacher then starts to call out all 60 possibilities in any order. Tick off each of your times as it is called. The first one who has all five times ticked, and correctly spelt, is the winner.

E Put in the plural:
(*a*) Der Nachbar hat einen Wagen und eine Garage. Der Wagen ist groß und schnell, und die Farbe ist sehr schön. Er hat viel Platz. Der Nachbar macht oft einen Ausflug.

Mach Mit!

(*b*) Der Junge ist faul. Er findet die Unterrichtsstunde zu lang und die Pause nicht lang genug. Die Mathematikstunde findet er sehr lang, und der Lehrer ist nicht nett. Der Junge geht nach Hause und findet die Hausaufgaben zu lang. Aber der Nachmittag ist nicht lang genug und die Nacht natürlich auch nicht.

F Using the example as a pattern, make up questions and answers from the following statements about the classroom:

e.g. *Die Fenster sind offen.*
   Question: *Welche Fenster sind offen?*
   Answer: *Dieses (jedes, kein) Fenster ist offen.*
   or: *Diese Fenster sind offen.*

1 Die Lampen brennen.
2 Die Wände sind grün.
3 Die Stühle sind hart.
4 Die Plätze sind frei.
5 Der Lehrer steht.
6 Die Schüler sitzen.
7 Die Schüler sind klug.
8 Die Bücher sind offen.
9 Die Schüler singen.
10 Die Aufgabe ist bald fertig.

G Prepare for dictation the paragraph of the text starting: 'Die erste Stunde beginnt ...'

H Imagine you are going home from school by bus. Answer the following questions so as to make a connected narrative:

Wie kommen Sie nach Hause? Warten Sie lange, bis der Bus kommt? Von wo kommen Sie? Wie spät ist es? Sind Sie müde? Fahren Sie zum Radiogeschäft? Wohin fahren Sie? Fahren Sie mit der Freundin? Fährt der Bus durch die Stadt? Ist die Fahrt interessant? Ist der Bus voll? Wie lange fahren Sie? Wann kommen Sie nach Hause? Was steht gegenüber dem Haus?

10 DAS MITTAGESSEN

Um ein Uhr ist Herr Gruber schon im Eßzimmer, denn es ist bald Zeit zum Mittagessen. Das Essen ist fertig. Die Mutter und die Tochter bringen es aus der Küche ins Eßzimmer. Frau Gruber stellt zwei Schüsseln auf den Tisch. Darin sind Frankfurter* Würstchen und Kartoffelsalat. Sigrid bringt eine Schüssel Kompott und stellt sie vor die Mutter auf den Tisch.

Herr Gruber geht im Eßzimmer auf und ab und fragt: 'Wo ist denn der Junge? Ist er vielleicht im Garten?' 'Ich suche ihn gleich,' antwortet Sigrid.

Sie geht in den Garten und sucht Wolfgang, aber er ist nicht da. Sie ruft ihn. Keine Antwort. Sie geht in die Garage, aber er ist auch nicht in der Garage. Sie geht nach oben ins Schlafzimmer. Da spielt

* *Frankfurter* from *Frankfurt*. Adjectives from names of towns end in *-er*.

Mach Mit!

das Radio. Aber nein, im Schlafzimmer ist er auch nicht. Sie kommt wieder nach unten.

Sigrid holt den Motorroller, steigt auf und fährt schnell um die Ecke in die Straße, wo Peter wohnt. Peter ist Wolfgangs Freund.

Die Jungen spielen manchmal Fußball im Garten hinter dem Haus. Sigrid geht hinter das Haus in den Garten und findet beide Jungen dort.

Der Bruder und die Schwester steigen schnell auf den Roller und sausen nach Hause. Wunderschön! Wolfgang fährt immer gern auf dem Roller.

Herr und Frau Gruber sitzen schon am Tisch. Da kommen die Kinder. Sie stellen noch Stühle an den Tisch und beginnen zu essen. Prinz, der Hund, kommt auch ins Eßzimmer und läuft unter den Tisch. Er liegt

Das Mittagessen

immer unter dem Tisch, wenn die Familie ißt. Wolfgang ißt diese Würstchen nicht sehr gern und wirft ein Stück von einem Würstchen

auf den Fußboden neben den Tisch. Es bleibt natürlich nicht lange auf dem Fußboden neben dem Tisch, denn Prinz frißt diese Würstchen sehr gern.

Alle essen dann Kompott. Wolfgang ißt noch einen Teller voll, denn es schmeckt so gut.

Der Vater schaut auf die Uhr. 'Ach, es ist schon $\frac{3}{4}$ 2,' sagt er. Er steht auf, sagt 'Auf Wiedersehen' und geht aus dem Haus. Vor der Gartentür steht der Wagen. Herr Gruber steigt ein und fährt wieder ins Geschäft. Die Kinder sind besser daran. Sie bleiben zu Hause und spielen.

Mach Mit!

EXPRESSIONS

Es ist Zeit zum Mittagessen.	*It is time for lunch.*
eine Schüssel Kompott	*a dish of stewed fruit*
auf und ab	*up and down, to and fro*
Sie geht nach oben.	*She goes upstairs.*
Sie kommt nach unten.	*She comes downstairs.*
Er schaut auf die Uhr.	*He looks at the clock.*
Auf Wiedersehen.	*Good-bye, au revoir.*

VOCABULARY: see p. 158. GRAMMAR: see p. 139.

Pattern practice

Answer the following questions as shown in the examples.

1 Ist der Junge im *Eßzimmer*? Nein, aber er geht bald ins *Eßzimmer*.
  Haus? Wohnzimmer? Schlafzimmer? Bett? Auto? Dorf? Modegeschäft? Radiogeschäft?
  Ist er im *Garten*? Nein, aber er kommt bald in den *Garten*.
  Wagen? Zug? Bahnhof? Laden? Wald?
  Ist er in der *Schule*? Nein, aber er kommt bald in die *Schule*.
  Küche? Garage? Straßenbahn? Stadt?

2 Geht der Junge an den *Tisch*? Nein, er ist schon am *Tisch*.
  Bahnhof? Zug? Bus? Baum? Fernsehapparat? Gartenzaun?
  Geht er an die *Garage*? Nein, er ist schon an der *Garage*.
  Tür? Ecke? Haltestelle? Straßenbahn? Schule? Arbeit?
  Geht er ans *Bett*? Er ist schon am *Bett*.
  Fenster? Auto? Denkmal? Modegeschäft? Radiogeschäft?

3 Fliegt der Vogel auf einen *Baum*? Nein, er sitzt schon auf dem *Baum*.
  Gartenzaun? Tisch? Teller? Wagen?
  Springt die Katze auf eine *Garage*? Nein, sie ist schon auf der *Garage*.
  Gartentür? Straßenlampe? Tür? Schüssel?
  Wirft der Junge das Buch aufs *Sofa*? Nein, es liegt schon auf dem *Sofa*.
  Radio? Bett? Auto?

Das Mittagessen

4 Was sehe ich über dem *Auto*? Ein Vogel fliegt über das *Auto*.
Autohaus? Geschäft? Warenhaus? Haus? Denkmal? Dorf?
Was sehe ich über der *Garage*? Ein Vogel fliegt über die *Garage*.
Straßenbahn? Straße? Uhr? Straßenlampe? Schule?
Was sehe ich über dem *Bahnhof*? Ein Vogel fliegt über den *Bahnhof*.
Zug? Baum? Garten? Bus? Wagen?

5 Welcher Hund läuft unter den *Baum*? Prinz — er frißt seine Würstchen unter dem *Baum*.
Tisch? Stuhl? Fernsehapparat? Wagen?
unter das Auto? Fenster? Bett?

6 Liegt der Fußball neben dem *Tisch*? Ja, Wolfgang wirft ihn oft neben den *Tisch*.
Fernsehapparat? Stuhl? Wagen? Gartenzaun? Baum?
Liegen Würstchen neben dem *Bett*? Ja, Prinz bringt sie manchmal neben das *Bett*.
Auto? Haus? Fahrrad? Sofa? Fenster?
Steht ein Stuhl neben der *Garage*? Ja, die Mutter stellt ihn oft neben die *Garage*.
Gartentür? Tür? Uhr? Lampe?

7 Wohin läuft das Kätzchen? Es läuft zwischen den *Baum* und den *Gartenzaun*. Wo sitzt es? Es sitzt zwischen dem *Baum* und dem *Gartenzaun*.
Stuhl, Tisch; Wagen, Roller; Mann, Jungen;
das Radio, Sofa;
die Tür, Lampe;
das Denkmal, den Baum; die Schule, das Geschäft;
das Auto, die Garage.

8 Wer geht hinter das *Haus*? Herr Gruber, und jetzt geht er hinter dem *Haus* auf und ab.
Sofa? Bett? Auto? Geschäft? Warenhaus? Denkmal?
die Garage? Schule? Straßenbahn?

9 Stellt die Mutter die Schüssel vor den *Vater*? Ja, und jetzt steht die Schüssel vor dem *Vater*.
Herrn? Jungen? Mann? Schüler?
das Mädchen? Kind? Fenster? Kätzchen?
die Tochter? Frau? Katze? Freundin?

Mach Mit!

10 Ist der Vater *im Wohnzimmer*? Nein, er ist nicht darin.
   Eßzimmer? Schlafzimmer?; Garten? Wagen?; in der Küche? Garage?
   Ist das Kätzchen auf *der Garage*? Nein, es ist nicht darauf.
   Gartentür? Straße?; dem Sofa? Auto?
   Klopft das Mädchen an *die Tür*? Nein, der Junge klopft daran.
   Gartentür? Garage? Wand?; das Fenster?
   Fliegen die Vögel über *der Stadt*? Nein, sie fliegen nicht darüber; sie fliegen über dem Wald.
   Schule? Straße?; dem Garten? Bahnhof?; dem Denkmal? Warenhaus?
   Was ist unter dem Tisch? *Der Hund* ist darunter.
   Fußball, Teller, Fußboden; die Birne, Katze, Uhr.
   Spielen die Kinder neben *der Garage*? Ja, sie spielen daneben.
   Straße? Schule?; dem Sofa? Haus?; Baum? Tisch?
   Steht der *Stuhl* zwischen dem Sofa und dem Fernsehapparat? Ja, er steht dazwischen.
   Junge? Tisch? Nachbar? Hund? Herr?
   Wer singt hinter *der Tür*? Sigrid singt dahinter.
   Garage? Schule?; dem Haus? Fenster? Denkmal? Auto?
   Was siehst du vor dem Haus? Ich sehe *einen Baum* davor.
   Bus, Garten; eine Straßenlampe, Gartentür; ein Fahrrad, Kätzchen.

11 Wer steht neben dem *Lehrer*? Ein Schüler steht neben ihm.
   Vater? Herrn? Jungen? Mann? Nachbarn?
   Wer kommt mit *der Mutter*? Das Mädchen kommt mit ihr.
   Frau? Freundin? Schwester? Tochter?; Frau Braun? Frau Schmidt?
   Wer steht vor *Peter*? Hans steht vor ihm.
   Karl? Heinz? Rolf? Siegfried? Wolfgang? Jürgen?

Exercises

A Answer the following questions:

   1 Wo sitzt Herr Gruber?
   2 Wohin bringen Frau Gruber und Sigrid das Essen?
   3 Worin sind die Frankfurter Würstchen?
   4 Wohin stellt Sigrid die Schüssel Kompott?
   5 Worauf steht dann die Schüssel Kompott?

Das Mittagessen

6 Wohin geht Sigrid?
7 Wo sucht sie den Bruder?
8 Wo spielt das Radio?
9 Wohin fährt Sigrid?
10 Wo wohnt Peter?
11 Wo findet Sigrid Wolfgang?
12 Wohin bringen die Kinder noch zwei Stühle?
13 Wo stehen dann die Stühle?
14 Was macht Prinz, der Hund?
15 Wo liegt er?
16 Wo sitzen Sie?
17 Wohin fährt Herr Gruber nach dem Mittagessen?
18 Wohin fahren Sie (gehen Sie) morgens?
19 Wo sind Sie jetzt?
20 Um wieviel Uhr fahren Sie (gehen Sie) nach Hause?

B (*a*) Wherever the word *geht* appears, change it to *sitzt* and make any other changes which become necessary:

Nach dem Essen geht Wolfgang in den Garten. Sigrid geht in das Schlafzimmer. Frau Gruber geht nicht in die Küche, sie geht in das Wohnzimmer. Herr Gruber geht ins Geschäft.

(*b*) Change each of the verbs to an appropriate verb of motion and make any other changes which become necessary:

Im Garten sitzt ein Vogel auf einem Baum. Prinz liegt unter dem Tisch. Sigrid liest am Tisch. Die Katze sitzt neben der Garage. Das Kätzchen schläft vor dem Fenster.

C Alter the following description of the pictures in the text wherever it does not fit them.

1st picture: Es ist $\frac{1}{4}$ 2. Frau Gruber nimmt zwei Schüsseln vom Tisch. Sigrid geht in die Küche. Sie hat eine Schüssel Eier. Herr Gruber sitzt auf dem Tisch.
2nd picture: Sigrid sitzt im Auto und fährt aus der Garage.
3rd picture: Sigrid steht im Garten. Dort spielt Wolfgang Fußball mit der Schwester.
4th picture: Die Familie Gruber läuft um den Tisch. Prinz schläft an der Wand. Wolfgang wirft ein Würstchen aus dem Fenster.

Mach Mit!

D Answer the questions, using the words in brackets in your answers:
Sie sitzen im Zug. Vor dem Zug ist ein Wald.
1 Wo sind die Bäume? (in)
2 Wohin fährt der Zug? (in)
Neben dem Zug ist ein Zaun.
3 Wo fährt der Zug? (an ... entlang)
4 Wo ist der Zaun? (neben)
Der Zug hält. Männer, Frauen und Kinder steigen ein und aus.
5 Wo steht der Zug? (auf)
Der Zug fährt los. Bald sehen Sie eine Straße unter dem Zug.
6 Wo ist der Zug? (über)
7 Wo fahren die Autos? (auf)
8 Wo liegt die Straße? (unter)

E Rewrite, in the 3rd person singular, the words of the ill-mannered Herr Schwarz. Start with '*Herr Schwarz...*' and make any necessary changes.

Ich esse heute nicht zu Hause. Ich gehe ins Restaurant. Ich sitze an einem Tisch in der Ecke und warte. Ich warte sehr, sehr lange. Nach einer Stunde bekomme ich das Essen, aber es ist nicht gut, und ich esse es nicht. 'So ein Essen ist gut für einen Hund!' denke ich. Ich stelle den Stuhl an den Tisch, gehe zur Tür, reiße sie auf und laufe aus dem Restaurant.

F Learn by heart the paragraph starting 'Herr und Frau Gruber...' in the text of the lesson.

H Answer the following questions so as to make a connected story:

Wer sitzt im Eßzimmer? Wo sind Frau Gruber und Sigrid? Was gibt es zu essen? Was macht Frau Gruber mit der Schüssel Kartoffelsalat?

Wer ist nicht da? Wer sucht ihn? In welches Schlafzimmer geht Sigrid? Wo spielt das Radio? Wohin fährt Sigrid? Womit fährt sie? Wo findet sie Wolfgang?

Wie viele Stühle stehen schon am Tisch? Wohin bringen die Kinder noch Stühle? Was macht Wolfgang mit einem Würstchen? Wo liegt Prinz? Was macht der Hund mit dem Würstchen?

Wieviel Kompott ißt Wolfgang?

REVISION 2

A At each italic section in the following passage, ask a question which aims at finding out the information contained in the words in italics:
  e.g. *Das Wetter* ist schön. Question: Was ist schön?
    Es ist Sommer. Das Wetter ist *schön*, und *die Sonne* scheint. Die Luft ist still. *Ein Mädchen* kommt die Straße entlang auf *einem Fahrrad*. Sie ist jung, vielleicht *sechzehn Jahre* alt. Neben ihr, auch auf einem Fahrrad, fährt ein Junge. Sie fahren natürlich *rechts*, denn sie sind in Deutschland. Sie fahren zu einem Laden. Vor *dem Laden* halten sie. Der Junge öffnet *die Tür*, und sie gehen *in den Laden* und kaufen *zehn* Eier. Sie kommen wieder aus *dem Laden*. Da schlägt es *acht* Uhr. Um *diese* Zeit sind in Deutschland schon viele Läden offen. Die Kinder fahren nach Hause. Sie sind *bald* wieder da, *denn das Haus steht nicht weit vom Laden.*

B (*a*) Give all the times, in hours and minutes, in full and in abbreviated form from
    10.00 to 10.15 a.m.
    12.15 to 12.30 a.m.
    2.30 to 2.45 p.m.
    7.45 to 8.00 p.m.
  (*b*) Make up simple sentences, all different, and bring into each sentence one of the numbers 1–12.
  (*c*) Count from 1–50; from 50 back to 1; count in twos from 2–40; give the odd numbers 11–49.
  (*d*) Give your age on each of your next five birthdays.

C Put the following in the plural:
  (*a*) Ein Wagen fährt die Straße entlang. Das Fenster ist offen. Eine Familie — ein Mann, eine Frau, ein Junge und ein Mädchen — sitzt darin. Sie fährt durch einen Wald und besucht ein Denkmal und ein Dorf.
  (*b*) Eine Mutter und ein Vater gehen an den Bahnhof und nehmen das Kind mit. Sie steigen in den Zug. Das Kind geht ans Fenster und sagt, was es sieht:
    ein Fahrrad, einen Motorroller, ein Auto, einen Bus, eine Straßenlampe, eine Straßenbahn und eine Bushaltestelle.

Mach Mit!

D Put the following in the singular:
Diese Häuser sind neu und schön. Männer und Frauen wohnen schon darin. Die Frauen gehen in die Warenhäuser und kaufen Betten für die Schlafzimmer; Radios, Fernsehapparate, Lampen, Uhren, Sofas und Stühle für die Wohnzimmer; Tische für die Eßzimmer. Sie kaufen noch Schüsseln und Teller für die Küchen. Die Häuser haben Garagen, Gärten, Zäune und Gartentüren, aber noch keine Bäume.

E Wherever a word appears in brackets, use this word in a separate sentence which fits in well with the rest of the story:
Peter geht nach Hause. Er hat einen Freund. (mit)
Sie kommen um die Ecke in die Straße, wo Peter wohnt. (entlang)
Sie gehen aber nicht durch die Gartentür. Hier ist der Zaun. (über)
Sie gehen nicht ins Haus. Der Garten ist schön. (in)
Peter steigt gern auf Bäume. Da steht ein Baum. (auf)
Ein Vogel singt. Wo ist er? (auf)
Der Vogel sitzt nicht lange da. (von)
Im Schlafzimmer hat Peter einen Fußball. Er geht nach oben. (in)
Er bringt den Fußball nicht nach unten. Das Fenster ist offen. (durch)
Peter läuft mit dem Fußball. Er sieht den Baum nicht. (gegen)
Der Freund läuft nicht zu Peters Mutter. (zu)
Er hebt ihn auf. Er sitzt bei ihm. (unter)
Es ist spät. Der Freund sagt 'Auf Wiedersehen!' (nach)
Er fährt heute mit dem Bus. Er geht natürlich nicht an den Bahnhof. (an)
Er fährt nicht bei Tag nach Hause. Es ist schon sehr spät. (bei)

F Here is a series of orders which are all carried out. Give the resultant actions, beginning each with '*Der Schüler . . .*'
e.g. *Spielen Sie hier nicht! Der Schüler spielt hier nicht.*
Schlagen Sie nicht auf den Tisch!
Laufen Sie nicht in die Schule!
Seien Sie nicht dumm!
Werfen Sie den Fußball nicht ans Fenster!
Putzen Sie das Fenster nach dem Unterricht!
Gehen Sie in die Ecke!
Holen Sie den Fußball aus der Ecke!

Revision 2

Nehmen Sie das Buch!
Öffnen Sie das Buch!
Lesen Sie!

When you have written down the actions, close the book and turn them back into orders.

G Rewrite the following passage (a) as if you went alone: '*Ich mache...*' and (b) as if Wolfgang went alone: '*Wolfgang macht...*'

Wolfgang und ich machen einen Ausflug mit dem Fahrrad. Wir nehmen Brötchen, Würstchen und Birnen mit. Wir fahren eine Stunde lang, und dann sehen wir einen Wald und halten. Hier essen wir gleich die Brötchen, Würstchen und Birnen. Es ist aber sehr, sehr heiß, und wir liegen unter einem Baum und schlafen. Wir gehen dann in den Wald und finden es dort dunkel und kühl, denn die Bäume sind dicht. Wir laufen durch den Wald und singen und rufen wie zwei Vögel. Wir steigen auf einen Baum. Oben im Baum machen wir ein Haus.

H Read the following passage and then answer the questions. Use pronouns instead of nouns in your answers.

Die Kinder sitzen und machen eine Aufgabe. Wolfgang macht die Aufgabe nicht. Er schaut auf die Uhr. Der Stuhl ist hart, und Wolfgang sitzt nicht gern auf diesem Stuhl. Der Lehrer sieht Wolfgang, aber der Junge sieht den Lehrer nicht. Er steht auf und geht zu Wolfgang. 'Sie finden die Uhr interessant, nicht wahr?' sagt er. 'Sie sind aber noch nicht fertig mit der Aufgabe. In der Mathematikstunde sind Sie viel zu faul.'

Um ein Uhr ist der Unterricht zu Ende. Vor der Schule wartet Sigrid. Wolfgang fährt mit der Schwester nach Hause.

1 Stehen die Kinder?
2 Ist Wolfgang in der Schule?
3 Macht Wolfgang die Aufgabe?
4 Sitzt Wolfgang gern auf dem Stuhl?
5 Sieht Wolfgang den Lehrer?
6 Läuft der Lehrer zu Wolfgang?
7 Ist Wolfgang schon fertig mit der Aufgabe?
8 Wann ist die Schule aus?
9 Wartet Sigrid hinter der Schule?
10 Fährt Wolfgang mit Sigrid?

11 AUF DEM CAMPINGPLATZ

'Seht ihr das Schild?' fragt Herr Gruber. 'Wir sind schon in Freudenstadt. Sag mal, Wolfgang, wie kommen wir zum Campingplatz? Nimm die Karte! Hast du sie? Such den Campingplatz bei Freudenstadt im Schwarzwald! Findest du ihn?' 'Ja, sieh her! Hier ist er. Siehst du ihn? Fahr diese Straße rechts, Vati, und dann geradeaus bis zur Kreuzung!... Und jetzt fahr die Straße nach links!... Immer geradeaus!'

In einer Viertelstunde kommt der Wagen schon wieder nach Freudenstadt! 'Du bist ein Dummkopf, Wolfgang!' sagt Herr Gruber. Er nimmt die Karte, und bald sind sie am Campingplatz.

'Nun, Kinder, nehmt das Zelt, sucht einen Platz am Waldrand und wartet dort, bis ich komme. Ich gehe zum Anmeldebüro. Kommst du mit, Christa?' fragt er Frau Gruber. Wolfgang sagt zu der Schwester: 'Sigrid, nimm doch das Zelt und such einen Platz dafür. Warte dort, bis wir kommen, denn ich gehe mit Vati und Mutti ins Anmeldebüro.' 'Ich nehme das Zelt nicht!' antwortet Sigrid. 'Mach es selbst, und sei nicht so faul! Du trägst das Zelt, und ich komme mit. Der Platz drüben ist schön. Nun, komm doch! Trag das Zelt!'

Herr und Frau Gruber kommen mit dem Wagen. 'Warum steht ihr da und macht nichts?' fragt der Vater. 'Um 9 Uhr ist es schon

3. Das Hermannsdenkmal im Teutoburger Wald (*siehe Kapitel 8*)

4. Campingplatz am Langenwaldsee im Schwarzwald
(siehe Kapitel 11)

Auf dem Campingplatz

dunkel. Macht schnell! Holt die Betten und die Decken aus dem Wagen. Ich baue das Zelt auf. Warum machst du nichts, Sigrid? Wolfgang, hast du die Decken noch nicht? Mach doch schnell!'

In zehn Minuten steht das Zelt schon. 'Seht ihr das, Kinder? Was sagt ihr dazu?' 'Ach, wie klug du bist!' sagt die Mutter. Gleich

darauf kommt ein Windstoß und wirft das Zelt um. Nun liegt es auf dem Boden. Alle lachen, nur Herr Gruber nicht. Dann beginnt es zu regnen. Der Vater hat genug vom Zelt und sagt: 'Schnell, bringt alles in den Wagen! Öffne die Tür, Wolfgang! Wir fahren zu einem Hotel.'

EXPRESSIONS

Sieh her!	*Look here!*
Fahr diese Straße rechts!	*Take this road on the right.*
Immer geradeaus!	*Keep straight on.*

Mach Mit!

Vati; Mutti	*daddy; mummy*
Ich baue das Zelt auf.	*I'll put the tent up.*
Mach doch schnell!	*Do be quick!*
Was sagt ihr dazu?	*What do you say to that?*
Wie klug du bist!	*How clever you are!*
gleich darauf	*immediately after that*
Ein Windstoß wirft das Zelt um.	*A gust of wind knocks the tent over.*

VOCABULARY: see p. 159. GRAMMAR: see p. 142.

Pattern practice

1 e.g. *Hans, sieht Karl eine Uhr?*
   Hans: '*Karl, siehst du eine Uhr?*'
   Karl: '*Ja, ich sehe eine Uhr.*' ('*Nein, ich sehe keine Uhr.*')
   Peter, sieht *Marianne* einen Wagen? ein Zelt? eine Straße? usw.
   Jürgen, ist *Ruth* klug? faul? dumm? usw.
   Hans, nimmt *Heidi* ein Buch? ein Brötchen? eine Schüssel? usw.
   Rolf, hat *Gisela* eine Katze? einen Garten? ein Fahrrad? usw.
   Heidi, fährt *Jürgen* mit dem Bus in die Schule? mit dem Fahrrad? mit dem Auto? usw.
   usw.

2 e.g. *Hans, machen Marianne und Ruth jetzt die Hausaufgabe?*
   Hans: '*Marianne und Ruth, macht ihr jetzt die Hausaufgabe?*'
   Marianne und Ruth: '*Nein, wir machen sie nicht.*'
   Peter, machen *Heidi* und *Rolf* eine Übungsaufgabe? eine Geographieaufgabe? eine Mathematikaufgabe? usw.
   Heidi, seit wann sitzen *Marianne* und *Ruth* da?
   Gisela, öffnen *Jürgen* und *Rolf* die Bücher? das Fenster? die Tür? usw.
   Ruth, essen *Hans* und *Peter* gern Eier? Brötchen? Kompott? usw.
   usw.

Exercises

A Answer the following questions:
   1 Wer sieht das Schild?
   2 Wer nimmt die Karte?
   3 Was macht Wolfgang mit der Karte?
   4 Wo liegt Freudenstadt?

Auf dem Campingplatz

5 Was macht Herr Gruber an der Kreuzung?
6 Wie viele Minuten hat eine Viertelstunde?
7 Wann kommt das Auto wieder nach Freudenstadt?
8 Wer liest die Karte besser, Wolfgang oder Herr Gruber?
9 Wo warten Wolfgang und Sigrid?
10 Wofür suchen sie einen Platz?
11 Wo suchen sie einen Platz?
12 Wer ist faul?
13 Bist du auch faul?
14 Wer trägt das Zelt?
15 Schläfst du gern in einem Zelt?
16 Was macht Herr Gruber mit dem Zelt?
17 Um wieviel Uhr ist es dunkel?
18 Wer findet den Vater klug?
19 Wer bringt alles in den Wagen?
20 Fährst du mit dem Wagen zur Schule?

B Make up the orders Herr Gruber gives

(*a*) to make Sigrid do the following things:
  1 Sie kauft Brötchen und Eier im Laden.
  2 Sie geht in das Zelt.
  3 Sie putzt den Tisch.
  4 Sie macht das Frühstück.
  5 Sie stellt den Teller auf den Tisch.

(*b*) to stop Wolfgang doing the following things: (*Nicht* must be inserted wherever an asterisk occurs)
  6 Er steigt * über den Zaun.
  7 Er wirft das Zelt * um.
  8 Er spielt Fußball * im Zelt.
  9 Er wirft den Fußball * in den Kartoffelsalat.
  10 Er schlägt * auf den Tisch.

(*c*) to make Sigrid and Wolfgang do the following things:
  11 Sie bringen die Decke ins Zelt.
  12 Sie machen die Arbeit für die Mutter.
  13 Sie sind immer nett zu der Mutter.
  14 Sie gehen früh zu Bett.
  15 Sie schlafen gut und lange.

Mach Mit!

C From the following text, make up a dialogue between the persons mentioned on the left:

(*Sigrid to Wolfgang:*) Sigrid geht nach Freudenstadt und kauft Brötchen und Eier. Kommt Wolfgang auch mit?

(*Wolfgang to Sigrid:*) Wolfgang geht nicht mit. Er ist ein bißchen müde. Er bleibt im Zelt und liest das Buch zu Ende.

(*Sigrid to Wolfgang:*) Er ist ein Faulpelz. Er ißt und schläft und spielt gern Fußball, aber das ist alles.

(*Sigrid to Herr and Frau Gruber:*) Kommen Herr und Frau Gruber mit nach Freudenstadt? Vielleicht nehmen sie den Wagen, dann besuchen Sigrid und sie die Geschäfte.

(*Herr Gruber to Sigrid:*) Herr und Frau Gruber sind gleich fertig. Hat Sigrid die Karte vom Schwarzwald?

(*Wolfgang to Herr Gruber:*) Nein, Wolfgang hat sie. (*to all:*) Fahren Vati, Mutti und Sigrid im Wagen? Ja? Kaufen sie Birnen in der Stadt? Vielleicht fährt Wolfgang doch mit.

(*Sigrid to Wolfgang:*) Dann trägt er vielleicht die Birnen, nicht wahr?

D The following are the words of a driving-instructor to a pupil. Imagine that they are close friends, and rewrite the passage, making any necessary changes in the form of address:

(*a*) Sehen Sie diesen Wagen? Finden Sie ihn schön? Sind Sie heute wieder müde? Nein? Das ist gut. Wie viele Stunden nehmen Sie noch? Sie fahren oft zu schnell. Sie haben doch Zeit! Auch fahren Sie oft zu weit links. Aber bald machen Sie es besser, nicht wahr? Was lesen Sie auf diesem Schild?

Auf dem Campingplatz

(b) Öffnen Sie die Tür und steigen Sie ein! Fahren Sie los! Fahren Sie geradeaus auf der Straße nach Hannover! Sehen Sie nach links! Lesen Sie das Schild rechts! Halten Sie an der Kreuzung! Halten Sie doch! O weh!

E Wherever a word appears in brackets, use it in a short separate sentence which fits in well with the rest of the story:

Zwei Jungen gehen langsam die Straße entlang. Sie sehen ein Schild. (neben). Die Jungen kommen zum Campingplatz. Das Anmeldebüro ist daneben. (in). Sie kommen aus dem Büro und sehen einen Laden. (gegenüber). (in). Dort kaufen sie Brötchen und Eier. Drüben ist der Waldrand. Sie nehmen das Zelt. (an). (entlang). Sie halten und bauen das Zelt auf. Am Waldrand ist der Boden weich. Sie sitzen nicht auf einer Decke. (auf). Gegen 9 Uhr ist es schon dunkel. Die Jungen sind müde. (zu).

Es ist früh am Morgen. Die Sonne scheint schon wieder. (über). Die Jungen stehen auf. (aus).

F Act the dialogue in the text of the lesson.

G Prepare for dictation the paragraph beginning: 'Nun, Kinder, ...'

H Here is a series of remarks addressed to you by your mother. Imagine that you did not hear the italicised part of each remark, and ask a question which aims at finding out the missing bit:
e.g. Ich besuche gern *dieses Hotel*. Q.: Was besuchst du gern?
 1 Gewöhnlich wohne ich nicht gern *in einem Hotel*.
 2 Vati und ich finden dieses Hotel *sehr schön*.
 3 Ich öffne *das Fenster*.
 4 Ich sehe viele Bäume *da drüben*.
 5 Hier finde ich jeden Tag *schön*.
 6 Ich sitze seit *einer Stunde* am Fenster.
 7 Vati und ich sind *abends* wirklich müde.
 8 Wir gehen abends spät *ins Bett*.
 9 Wir fahren nicht gern *nach Hause*.
10 *Zu Hause* habe ich so viel Arbeit.
Go over the exercise again, but imagine that you are now talking to an adult whom you do not know well enough to address familiarly.
e.g. Ich besuche gern *dieses Hotel*. Q.: Was besuchen Sie gern?

12 DER HONIGKUCHEN

Wolfgang hat heute Geburtstag. Er ist 15 Jahre alt. Er kommt schon sehr früh zum Frühstück nach unten. Sigrid und die Eltern geben ihm Geburtstagsgeschenke. Sigrid schenkt ihm ein Buch mit Abenteuergeschichten, und von den Eltern bekommt er einen Bücherschrank. Dieser Bücherschrank ist noch nicht fertig, aber alle Teile sind da. Er sagt den Eltern und der Schwester 'Danke schön'. Er geht gleich nach dem Frühstück in die Küche und erwärmt dort etwas Leim, gießt ihn in ein Honigglas und stellt das Glas auf den Tisch. In der Küche riecht es jetzt stark nach Leim. Er holt den Bücherschrank und leimt die Teile zusammen.

Sigrid gibt Wolfgang nicht nur ein Buch zum Geburtstag. Sie verspricht ihm auch einen Honigkuchen für die Geburtstagsfeier. Sie geht an die Arbeit in der Küche. 'Mutti, einen Kochtopf, bitte!' Frau Gruber gibt ihn ihr. Sigrid nimmt das Honigglas und leert es in den Kochtopf. Butter und Zucker kommen auch noch dazu, und Sigrid erwärmt alles auf dem Küchenherd. Dann nimmt sie Eier und Mehl. Bald ist alles fertig, und Sigrid stellt den Kuchen in den Backofen.

Nach einer Viertelstunde öffnet sie wieder den Backofen und schaut auf den Honigkuchen. O weh! Was sieht sie da? Er ist ganz schwarz und hart und riecht — nach Leim! Sie geht an den Tisch,

Der Honigkuchen

nimmt das Honigglas in die Hand und riecht daran. Es ist Leim darin! Unter den Gläsern auf dem Tisch findet sie den Honig. Ach, dieser Junge!

Schon kommen die Freunde mit den Geschenken für Wolfgang und geben sie ihm. Wolfgang gibt ihnen die Hand und sagt ihnen auch 'Danke schön'. Frau Gruber bringt den Kindern Kaffee und **Geburtstagskuchen**. Sie essen den Kuchen auf, und dann geht Wolfgang mit ihnen nach oben.

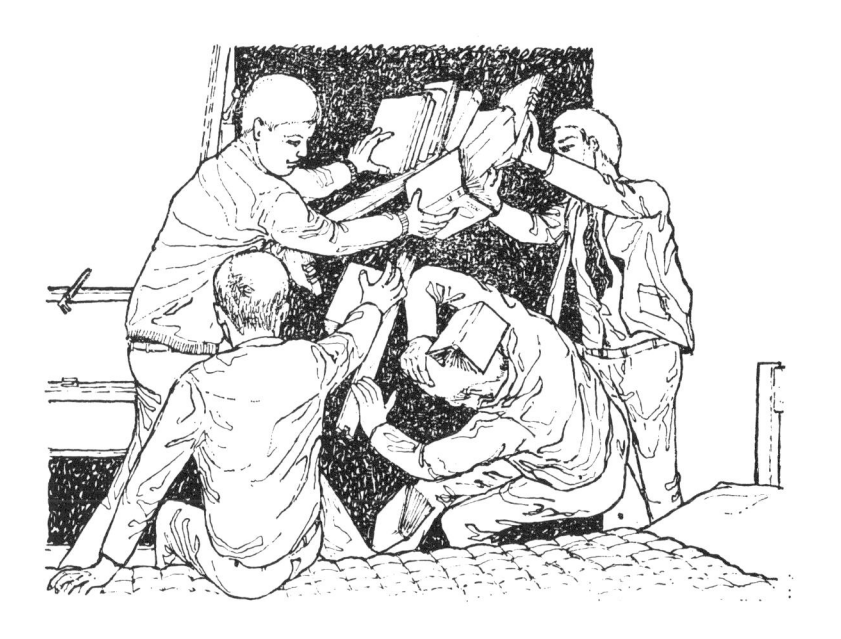

Er zeigt ihnen den Bücherschrank. Peter und Wolfgang heben ihn hoch und stellen ihn in die Ecke, aber ach, der Bücherschrank fällt auseinander, und die Teile fallen mit den Büchern auf den Boden. Peter nimmt einen Teil von dem Bücherschrank in die Hand. 'Seht ihr das? Der Leim ist gar nicht hart!' sagt er, 'und er riecht — und schmeckt — nach Honig!'

Mach Mit!

EXPRESSIONS

Wolfgang hat heute Geburtstag.	*It is Wolfgang's birthday today.*
zum Geburtstag	*for his (your, etc.) birthday*
Butter und Zucker kommen auch noch dazu.	*Butter and sugar are added.*
Sie nimmt das Honigglas in die Hand.	*She picks up the honey-pot.*
Es ist Leim darin.	*There is glue in it.*
Er schmeckt nach Honig.	*It tastes of honey.*

VOCABULARY: see p. 159. GRAMMAR: see p. 142.

Exercises

A Answer the following questions:
1 Was hat Wolfgang heute?
2 Wie alt ist er?
3 Wie alt bist du?
4 Was geben die Eltern dem Jungen?
5 Was gibt ihm die Schwester?
6 Was ist im Buch?
7 Wer leimt den Bücherschrank zusammen?
8 Wem sagt Wolfgang 'Danke schön'?
9 Wann geht er in die Küche?
10 Wonach riecht es in der Küche?
11 Was verspricht Sigrid dem Bruder zur Geburtstagsfeier?
12 Was gibt ihr die Mutter?
13 Wer gibt dem Jungen auch Geschenke?
14 Wem gibt Wolfgang die Hand?
15 Was sagt er den Freunden?
16 Wem bringt Frau Gruber Kaffee und Kuchen?
17 Mit wem geht Wolfgang nach oben?
18 Was zeigt er den Freunden dort?
19 Fällt nur der Bücherschrank auf den Boden?
20 Was schenkst du dem Lehrer zum Geburtstag?

B Put the following in the plural:

Ein Mann und eine Frau kommen zum Campingplatz mit einem Freund und einer Freundin, mit einem Jungen und einem Mädchen, mit Zelt, Tisch und Kochtopf, Brötchen, Kuchen und Würstchen, mit Buch, Karte, Fußball — und Hund.

Der Honigkuchen

Der Junge und das Mädchen haben genug von Schule und Lehrer, von Frage und Antwort, Römer und Schlacht, Hausaufgabe, Übungsaufgabe und Mathematikbuch.

C Read the following passage and then answer the questions, using pronouns wherever appropriate.

Ein Junge und ein Mädchen aus Düsseldorf, Freunde von Wolfgang und Sigrid, besuchen die Familie Gruber in Hannover. Sie bringen für jeden ein Geschenk: für Frau Gruber einen Kuchen, Bücher für Herrn Gruber und Sigrid und einen Fußball für Wolfgang. Sigrid verspricht ihnen einen Ausflug in die Stadt am Nachmittag. Frau Gruber gibt ihnen etwas zu essen. Dann fahren die Kinder mit der Straßenbahn in die Stadt und Sigrid und Wolfgang zeigen den Freunden die Warenhäuser. Sigrid zeigt der Freundin natürlich auch die Modegeschäfte.

1 Was schenken die Kinder Frau Gruber?
2 Was schenken die Kinder Herrn Gruber?
3 Was schenken die Kinder Sigrid?
4 Was zeigen Sigrid und Wolfgang den Freunden?
5 Wer schenkt Wolfgang einen Fußball?
6 Wer verspricht den Freunden einen Ausflug?
7 Wer zeigt den Kindern die Warenhäuser?
8 Wer zeigt der Freundin die Modegeschäfte?
9 Wem schenken die Kinder Bücher?
10 Wem gibt Frau Gruber etwas zu essen?

D Look at the example and complete the following in similar fashion, starting each sentence with: 'Ich gebe...'
e.g. Mutter   Zucker   Honig
Ich gebe der Mutter nicht den Zucker; ich gebe ihr den Honig.
   Bruder   Honig   Zucker
Ich gebe dem Bruder nicht den Honig; ich gebe ihm den Zucker.

1 Schwester	Hose	Kleid
2 Vater	Kleid	Hose
3 Lehrer	Fußball	Mathematikbuch
4 Junge	Mathematikbuch	Fußball
5 Nachbar	Geburtstagskuchen	Honigkuchen

Mach Mit!

6 Mutter	Honigkuchen	Geburtstagskuchen
7 Freundin	Würstchen	Birne
8 Hund	Birne	Würstchen

E Make up questions from the following, starting each question with one of the words in brackets. Get your neighbour to answer your questions, using pronouns where possible:

e.g. *Der Mann gibt dem Hund ein Würstchen. (wer, was)*
Wer gibt dem Hund ein Würstchen?
Was gibt der Mann dem Hund?

1 Der Junge zeigt den Eltern ein Zelt in einem Geschäft. (wer, wem, wo)
2 Sie versprechen es ihm zum Geburtstag. (wer, was, wem)
3 Am Geburtstag bringen sie dem Jungen das Zelt. (wann, wer, wem, was)
4 Sie geben es ihm. (wer, was, wem)
5 Er sagt den Eltern 'Danke schön'. (wer, wem)

F Wherever a word appears in brackets, use it in a separate sentence which fits well in the context:

Die Jungen schlafen nicht im Hotel. Sie haben Zelte. (in)
Die Decken sind wirklich gut. Es ist warm in der Nacht. (unter)
Sie singen gern. Die Nachbarn singen vor dem Zelt. (mit)
Sie haben Eier und Brötchen und auch ein Stück Kuchen zu essen. (nach)
Die Jungen haben Bücher. Sie lesen gern Abenteuergeschichten. (in)
Sie machen manchmal Ausflüge. Nicht weit vom Campingplatz sind Wälder. (zu)
Die Jungen haben natürlich kein Auto, aber sie haben Fahrräder. (auf)
Die Jungen fahren in den Wald. Vögel singen dort. (in)

G The following are the words of a wife to her husband. Rewrite the passage as if the speaker were not on familiar terms with the person addressed. (Start with 'Sie' instead of 'du'.)

(*a*) Du fährst morgens im Auto ins Büro. Du sitzt acht Stunden auf einem Stuhl und dann kommst du abends im Auto wieder

Der Honigkuchen

nach Hause. Du gehst von der Garage gleich ins Wohnzimmer und sitzt vor dem Fernsehapparat oder du liest bis elf Uhr. Dann gehst du ins Bett und schläfst nicht gut. Du ißt auch nicht genug.

(*b*) Mach doch eine Pause und geh aus! Geh in den Garten und spiel Fußball mit dem Jungen, lauf und spring ein bißchen! Die Luft ist für jeden gut.

H Learn by heart the part of the text beginning 'Schon kommen ...' down to '... den Bücherschrank'.

I Answer the following questions so as to make a connected story:

Was bekommt Wolfgang zum Geburtstag? Wem sagt er 'Danke schön'? Wohin geht er nach dem Frühstück? Was macht er mit dem Leim? Was verspricht Sigrid dem Bruder? Was gibt ihr Frau Gruber? Womit macht Sigrid den Kuchen?

Was machen Wolfgangs Freunde mit den Geschenken? Wem bringt Frau Gruber Kaffee und Kuchen? Was zeigt Wolfgang den Freunden?

Mach Mit!

Auf einem Baum ein Kuckuck saß

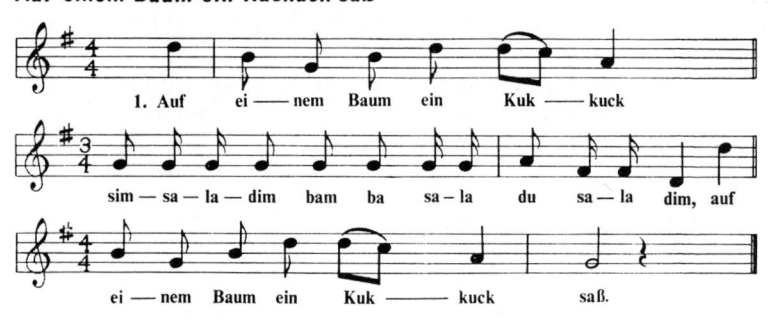

1. Auf ei — nem Baum ein Kuk — kuck
sim — sa — la — dim bam ba sa — la du sa — la dim, auf
ei — nem Baum ein Kuk — kuck saß.

2. Da kam ein junger Jäger—, simsala…, da kam ein junger Jägersmann.

3. Er schoß den armen Kuckuck —, simsala…, er schoß den armen Kuckuck tot.

4. Und als ein Jahr vergangen —, simsala…, und als ein Jahr vergangen war,

5. Da war der Kuckuck wieder —, simsala…, da war der Kuckuck wieder da.

13 WOLFGANGS MEISTERSTÜCK

Wolfgang sitzt im Wohnzimmer und zeichnet, was er sieht. Er beginnt mit den Wänden des Zimmers. Links auf die Seite des Blattes zeichnet er das Sofa und davor eine Zeitung; darüber die Haare des Vaters und darunter seine Beine und seine Füße. Er zeichnet auch die Hände des Vaters, aber sein Körper ist hinter der Zeitung.

Die Mutter sitzt auch auf dem Sofa, zum Teil hinter der Zeitung. Also zeichnet er nur die eine Hälfte der Mutter: zuerst eine Hälfte ihres Kopfes, dann ihr Ohr, ihr Auge, die Hälfte ihrer Nase und ihres Mundes, ihren Arm und ihre Hand und einen Teil ihres Kleides. Neben die Beine des Vaters zeichnet er die Beine der Mutter. Dieser Teil des Bildes ist fertig. Sigrid ist jetzt an der Reihe.

Was macht die Schwester des Jungen? Auf dem Bildschirm des Fernsehapparates sieht Wolfgang eine Tanzstunde, und Sigrid übt

Mach Mit!

die Schritte eines Walzers zusammen mit Peter, dem Freund ihres Bruders. Wolfgang zeichnet sie beide. Die Haare der Schwester fliegen. Auch ihr Kleid fliegt. Ein Fuß des Mädchens steht auf dem Fuß seines Freundes. Sigrids Arme liegen auf den Schultern des Jungen, und Peters Hände liegen um Sigrids Taille.

Auf dem Bildschirm des Fernsehapparates sind ein Mann und eine Frau. Sie zeigen den Zuschauern die Schritte des Walzers. Zuletzt zeichnet Wolfgang diesen Mann und diese Frau, und dann ist das Bild fertig. Auch die Tanzstunde ist aus. Alle kommen in die Ecke des Zimmers an den Stuhl des Jungen, und er zeigt ihnen sein Meisterstück. Sie lachen darüber. 'Gar nicht schlecht für einen Dummkopf wie du!' sagt Sigrid. 'Wie klug du bist!' sagt die Mutter. Wolfgang verspricht seiner Schwester das Bild zum Geburtstag. 'Auch das noch!' sagt Sigrid.

EXPRESSIONS

zum Teil *partly*
Sigrid ist an der Reihe. *It is Sigrid's turn.*
Auch das noch! *Not that too!*

VOCABULARY: see p. 160. GRAMMAR: see p. 143.

Pattern practice

Welche Teile des Vaters zeichnet Wolfgang? Er zeichnet *die Haare* des Vaters.
 Ohren, Arme, Beine, Füße; den Kopf, Mund; die Nase.

Welche Teile des Wohnzimmers zeichnet er? Er zeichnet *die Wände* des Wohnzimmers.
 Fenster, Ecken; den Fußboden; die Tür, Lampe.

Sehen wir nur das Kleid der Schwester auf dem Bild? Wir sehen nicht nur das Kleid; wir sehen auch *die Haare* der Schwester.
 Schultern, Hände, Beine, Füße; Taille, Nase; den Mund, Körper.

Zeichnet Wolfgang das Bild *einer Garage*? Nein, er zeichnet das Bild eines Wohnzimmers.
 Kreuzung? Straßenbahn? Birne? Schule? Freundin?;
 Glas? Kind? Haus? Warenhaus? Autohaus?;
 Mann? Baum? Freund? Zug? Wald?

Wolfgangs Meisterstück

Zeichnet er das Bild *seiner Schwester*? Nein, er zeichnet das Bild seiner Familie.
  Freundin? Mutter? Schule?; Vater? Fußball? Lehrer?;
  Fahrrad? Zimmer?

Bekommt Sigrid das Meisterstück *ihres Vaters* zum Geburtstag? Nein, sie bekommt das Meisterstück ihres Bruders.
  Freund? Lehrer? Nachbar?;
  Mutter? Freundin? Schwester?

Zeichnet Wolfgang den Kopf *dieses Mannes*? Nein, er zeichnet den Kopf dieses Mädchens.
  Freund? Zuschauer? Römer? Sieger? Dummkopf? Faulpelz?;
  Kind? Kätzchen?; Freundin? Frau?

Was zeichnet Wolfgang jetzt? Er zeichnet den Kopf *jedes Mannes* in der Straße.
  Schüler, Junge, Freund, Hund; Kind, Kätzchen, Mädchen;
  Frau, Nachbarin, Mutter.

Siehst du *Herrn Schmidts* Wohnzimmer auf dem Bild? Nein, ich sehe Herrn Grubers Wohnzimmer auf dem Bild.
  Herr Braun? Wagner? Gruhn? Freising? Block?;
  Frau Braun? Wagner? Gruhn? Freising? Block?;
  Peter? Jürgen? Karl?; Elisabeth? Ingrid? Irene?

Exercises

A Answer the following questions:

1 Womit beginnt Wolfgang sein Bild?
2 Wo ist das Sofa auf dem Bild?
3 Wessen Haare zeichnet er?
4 Was zeichnet er unter die Zeitung auf dem Bild?
5 Wo sind die Schultern des Vaters?
6 Was zeichnet er neben die Beine der Mutter?
7 Wer kommt dann an die Reihe?
8 Welche Tanzschritte üben Sigrid und Peter?
9 Wessen Haare fliegen?
10 Auf wessen Schultern liegen Sigrids Arme?
11 Wo sieht Wolfgang einen Mann und eine Frau?
12 Wo steht Wolfgangs Stuhl?
13 Wem zeigt er das Bild?

Mach Mit!

14 Findest du das Bild schön?
15 Zeichnest du auch manchmal?.

B Answer the following questions using a possessive adjective in each answer:
e.g. *Welche Farbe haben die Augen des Lehrers?*
   Answer: *Seine Augen sind grün.*
 1 Wo siehst du Wolfgangs Bild?
 2 Wer übt die Schritte eines Walzers?
 3 Wer zeichnet den Bildschirm des Fernsehapparates?
 4 Was macht Wolfgangs Schwester?
 5 Wer steht auf Peters Fuß?
 6 Wer sitzt neben Herrn Grubers Frau?
 7 Wer ist zum Teil hinter Herrn Grubers Zeitung?
 8 Wessen Arme liegen auf Peters Schultern?
 9 Warum fliegen Sigrids Haare?
 10 Wer übt den Walzer mit Frau Grubers Tochter?
 11 Wo siehst du Frau Grubers Arm auf dem Bild?
 12 Wo ist der Fernsehapparat der Familie Gruber?

C Look at the example and complete the following in similar fashion:
e.g. Minuten und Stunden ... *sind Teile eines Tages.*
 1 Ein Gartenzaun und Bäume ...
 2 Ein Fußboden, Wände und Fenster ...
 3 Zimmer ...
 4 Ein Morgen und ein Nachmittag ...
 5 Augen, Ohren und Haare ...
 6 Ein Kopf, Beine und Arme ...
 7 Ein Küchenherd und ein Backofen ...
 8 Straßen, Häuser und Warenhäuser ...

D Look at the example and join the following pairs of sentences in similar fashion:
e.g. *Dieser Mann hat eine Tochter. Sie ist zwölf Jahre alt.*
   Die Tochter dieses Mannes ist 12 Jahre alt.
 1 Dieses Haus hat einen Garten. Er ist klein aber schön.
 2 Die Garage hat zwei Türen. Sie sind offen.
 3 Der Vater hat ein Auto. Es steht hinter der Garage.

Wolfgangs Meisterstück

4 Die Mutter hat ein Fahrrad. Es ist in der Garage.
5 Der Nachbar hat ein Auto. Es steht vor dem Haus.
6 Diese Familie hat einen Hund. Er bellt im Garten.
7 Das Wohnzimmer hat ein Fenster. Es ist zu.
8 Der Junge hat einen Fußball. Er fliegt durch das Fenster.

E Look at Wolfgang's drawing and make up a series of questions about it, each including the word *wessen?* (whose?)
Get your neighbour to answer them:
e.g. (a) *Wessen Zeitung zeichnet Wolfgang?*
Answer: *Die Zeitung seines Vaters.*
(b) *Auf wessen Schultern liegen Sigrids Arme?*
Answer: *Auf Peters Schultern.*

F (a) Read the following passage and then answer the questions, using pronouns where appropriate:
Sigrid und die Mutter machen das Frühstück in der Küche. Frau Gruber gibt der Tochter einen Kochtopf. 'Wo sind die Eier, Mutti?' fragt Sigrid. Frau Gruber gibt ihr eine Schüssel voll Eier. Sigrid nimmt vier Eier und gibt der Mutter die Schüssel wieder. Der Kaffee ist fertig. Frau Gruber gibt ihn Sigrid. Sigrid trägt ihn ins Eßzimmer und bringt ihn dem Vater und Wolfgang, denn sie haben Durst. Frau Gruber kommt auch ins Eßzimmer und bringt Herrn Gruber und den Kindern das Frühstück: Eier, Brötchen, Butter und Honig.
1 Was gibt Frau Gruber der Tochter?
2 Was gibt sie dem Hund?
3 Welche Schüssel gibt sie dem Mädchen?
4 Gibt sie Wolfgang einen Teller?
5 Was gibt Sigrid dem Vater und dem Bruder?
6 Was macht sie mit dem Kaffee?
7 Was macht Frau Gruber mit den Eiern?
8 Gibt sie nur Wolfgang Brötchen?
(b) Make up five questions from the above passage, beginning each question with *wem?*
Then supply the appropriate answers.
e.g. *Wem gibt Frau Gruber einen Kochtopf?*
Answer: *Sie gibt ihn Sigrid.*

Mach Mit!

G Answer the following questions about the text of this lesson in such a way as to make a connected narrative:

Wie viele Männer und Frauen und wie viele Kinder sind im Wohnzimmer? Wer sitzt auf dem Sofa? Warum sieht Wolfgang nur Teile des Vaters und der Mutter?

Was machen Sigrid und Peter? Wer gibt den Tanzunterricht? Wem geben sie ihn?

Wo steht Wolfgangs Stuhl? Was zeigt der Junge den Eltern, der Schwester und dem Freund? Wer bekommt das Bild zum Geburtstag?

H Prepare for dictation the second paragraph of the text of this lesson.

14 DIE STADT DES RATTENFÄNGERS, 1

'Guten Morgen, Sigrid. Wie geht es dir?' fragt Frau Wagner, die Nachbarin, über den Gartenzaun. 'Mir geht es gut, wie gewöhnlich, danke. Und wie geht es Ihnen?' 'Auch gut. Mein Mann und ich machen heute einen Ausflug im Auto. Und du und dein Bruder, was macht ihr?' 'Nicht viel. Vati und Mutti gehen in die Stadt und lassen uns allein zu Hause.' Frau Wagner sagt: 'Warum kommt ihr nicht mit uns nach Hameln? Die Fahrt ist bestimmt schön, und mein Mann zeigt mir die Stadt. Für dich und deinen Bruder ist noch Platz im Wagen.'

'Danke schön, das ist aber wirklich nett von Ihnen,' sagt Sigrid. 'Ich sage es gleich meinem Bruder.' Sie geht ins Haus und ruft ihren Bruder. 'Die Wagners fahren heute mit mir nach Hameln. Kommst du auch mit? Für dich ist gerade noch Platz.' 'Ja, natürlich,' antwortet Wolfgang.

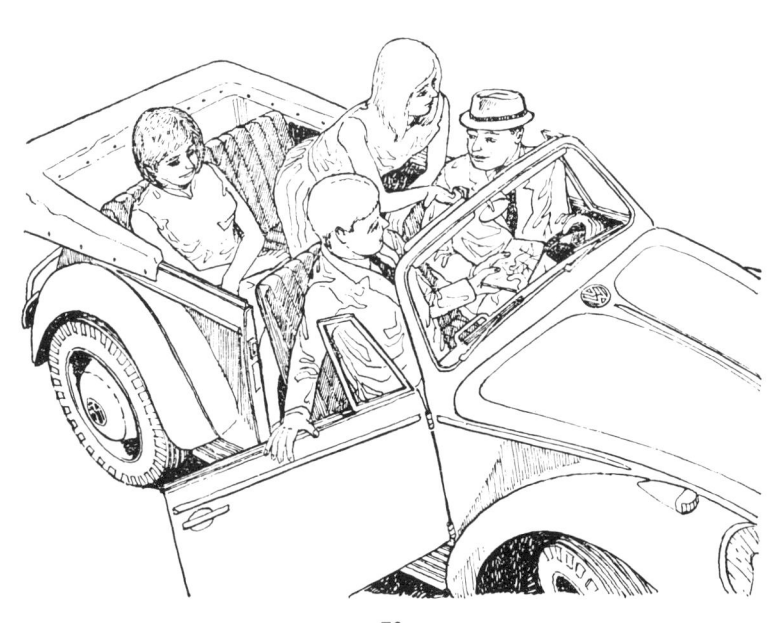

Mach Mit!

Sie gehen zusammen zu Frau Wagner und sagen ihr, daß sie kommen. 'Wir sehen euch also nach dem Mittagessen. Seid bis ½ 2 fertig!' sagt sie.

Kurz nach ½ 2 sitzen alle vier im Auto. 'Nimm die Karte, Wolfgang!' sagt Herr Wagner. 'Du liest die Karte für mich, und dann brauche ich nur zu fahren.' 'Geben Sie ihm die Karte nicht, Herr Wagner!' sagt Sigrid. 'Er führt uns bestimmt über Berlin nach Hameln. Geben Sie sie mir oder Frau Wagner!' Aber Wolfgang hat die Karte schon und gibt sie der Schwester nicht. 'Geradeaus an dieser Kreuzung!' sagt er. Seit der Fahrt zum Campingplatz ist er immer sehr fleißig in den Geographiestunden. Er findet bald den Weg.

Sie besuchen die Stadt des Rattenfängers. Die Bungelosen Straße ist interessant. Der Geschichte nach führt der Rattenfänger die Kinder diese Straße entlang und verschwindet dann mit ihnen am Fuß eines Berges am Ende der Straße. Wolfgang findet die Geschichte dumm.

Die Stadt des Rattenfängers, 1

'Ich gehe mit euch die Straße entlang bis zum Berg,' sagt Herr Wagner. 'Kommt ihr?' Sigrid sagt: 'Gehen Sie ohne mich! Ich bleibe mit Frau Wagner hier. Und du, Wolfgang?' 'Ich bleibe bei dir, Sigrid,' sagt der Junge.

'Dann lasse ich euch also hier und gehe allein. Ich komme bald wieder,' sagt Herr Wagner. Er geht die Bungelosen Straße entlang und verschwindet.

EXPRESSIONS

Guten Morgen.	*Good morning.*
Wie geht es dir (euch, Ihnen)?	*How are you?*
der Geschichte nach	*according to the story*

VOCABULARY: see p. 160. GRAMMAR: see p. 144.

Exercises

A Answer the following questions, using pronouns where appropriate:

1 Wer sagt Sigrid 'Guten Morgen'?
2 Wie geht es Sigrid gewöhnlich?
3 Wie geht es dir heute?
4 Was fragt Sigrid Frau Wagner?
5 Wer macht einen Ausflug nach Hameln?
6 Mit wem machst du manchmal einen Ausflug?
7 Wo lassen Herr und Frau Gruber die Kinder?
8 Wer fährt mit Sigrid?
9 Wer fährt manchmal mit dir zur Schule?
10 Fährt dein Vater dich zur Schule?
11 In welchem Wagen ist gerade noch Platz für Wolfgang?
12 Wer sagt Frau Wagner 'Danke schön'?
13 Bis wann sind die Kinder fertig?
14 Wem gibt Herr Wagner die Karte?
15 Wer liest die Karte für Herrn Wagner?
16 Gibt Wolfgang der Schwester die Karte?
17 Wann ist Wolfgang fleißig?
18 Wer findet den Weg nach Hameln?
19 Wohin geht der Rattenfänger mit den Kindern?
20 Wohin geht Herr Wagner ohne Sigrid?

Mach Mit!

B Answer the following questions, using a genitive form in each answer:

1 Wessen Nachbarin ist Frau Wagner?
2 In wessen Auto machen die Kinder einen Ausflug?
3 Wo steht der Wagen kurz nach ½ 2?
4 Neben wessen Schwester sitzt Frau Wagner?
5 Welche Stadt besuchen sie?
6 Wo ist dein Schild auf dem Bild auf Seite 74?
7 Wo ist ein Berg auf dem Bild?
8 Wo verschwinden die Kinder der Geschichte nach?

C Turn the following into a dialogue between the persons mentioned on the left:

(*Sigrid to Frau Gruber:*) Herr und Frau Wagner fahren mit Wolfgang und Sigrid nach Hameln.

(*Frau Gruber to Sigrid and Wolfgang:*) Wann sind Wolfgang und Sigrid wieder zu Hause?

(*Sigrid to Herr and Frau Gruber:*) Bis 6 Uhr sehen die Eltern die Kinder wieder. Die Wagners zeigen den Kindern die Rattenfängerstadt, und Frau Wagner zeigt Sigrid auch die Geschäfte.

(*Frau Gruber to Sigrid and Wolfgang:*) Hameln ist bestimmt interessant für Sigrid und Wolfgang.

(*Herr Wagner to Frau Wagner, Sigrid and Wolfgang in the car:*) Sind Frau Wagner, Sigrid und Wolfgang alle fertig? (*to W.*) Herr Wagner gibt Wolfgang die Karte. Wolfgang liest sie für ihn.

(*Sigrid to Wolfgang:*) Wolfgang schaut auf die Karte vom Teutoburger Wald! Gibt er Sigrid das Buch?

Die Stadt des Rattenfängers, 1

(*Sigrid to Herr and Frau Wagner:*) Sigrids Bruder ist ein Dummkopf. (*to W.*) Sigrid zeigt ihm die Karte. Da ist sie — Seite 29.

(*Herr Wagner to others:*) Herr und Frau Wagner, Sigrid und Wolfgang sind jetzt in Hameln. (*to W.*) Herr Wagner zeigt Wolfgang die Straße des Rattenfängers. Da ist sie. Geht Wolfgang mit ihm die Straße entlang?

(*Wolfgang to Herr Wagner:*) Wolfgang ist ein bißchen müde. Er geht nicht mit Herrn Wagner. Warum fährt Herr Wagner nicht die Straße entlang?

(*Herr Wagner to others:*) Ein bißchen Sonne und Luft ist doch gut für Herrn Wagner. Er ist gleich wieder da. Dann fährt er mit Frau Wagner, Sigrid und Wolfgang zu den Geschäften.

(*Wolfgang to Herr Wagner:*) Dann zeigt Wolfgang Herrn Wagner den Weg nach Hause.

D (*a*) Ask your neighbour the following questions and get him (her) to answer them using some form of the word *dein*.

e.g. *Wie ist mein Mund?* Answer: *Dein Mund ist groß!*

1 Wie sind meine Ohren?
2 Wie sind meine Hände?
3 Wie sind meine Haare?
4 Wie sind meine Füße?
5 Wo sind meine Haare?
6 Ist meine Nase groß oder klein?
7 Wie sind meine Arme?
8 Was ist auf meinem Kopf?

(*b*) Now ask your neighbour the questions about another boy or girl. Of course you must change *mein* to *sein* (his) or *ihr* (her). Point to the person you are asking about.
e.g. *Wie ist sein (ihr) Mund?* Answer: *Sein (ihr) Mund ist . . .*

Mach Mit!

E (a) Look at the example and complete the following in similar fashion:

e.g. *Ich mache meine Hausaufgabe und zeige sie meinem Freund.*

1 Du machst deine... ... deinem Freund.
2 Wolfgang...
3 Sigrid... ... Freundin.
4 Dieses Mädchen... ... Freundin.

(b) Look at the example and complete the following in similar fashion:

e.g. *Mein Freund macht seine Hausaufgabe und zeigt sie mir.*

1 Dein Freund... ... dir.
2 Wolfgangs Freund...
3 Sigrids Freundin...
4 Die Freundin dieses Mädchens...

F Here is what we see when looking at a person from the side. Alter the description where necessary to fit the full-face view.

Wir sehen einen Teil des Kopfes, der Nase und des Mundes; ein Ohr, ein Auge, Haare, eine Schulter, einen Arm, eine Hand, die Taille, ein Bein und einen Fuß.

G Write down as many things as you can think of which can be bought in a department-store:

Stühle, Bilder, usw.

H Learn by heart the first paragraph of the text.

I Act the dialogue in the text of the lesson.

J Answer the following questions so as to make a connected narrative:

Wie geht es Sigrid heute? Wem geht es auch gut? Wen lassen Herr und Frau Gruber zu Hause? Mit wem machen die Kinder einen Ausflug?

Um wieviel Uhr sitzen Herr und Frau Wagner und die Kinder im Auto? Für wen liest Wolfgang die Karte? Was gibt Wolfgang seiner Schwester nicht? Was findet er bald?

Wo endet die Bungelosen Straße? Mit wem verschwindet der Rattenfänger von Hameln dort?

15 DIE STADT DES RATTENFÄNGERS, 2

Gleich darauf merken die Kinder und Frau Wagner, daß Regentropfen fallen. Die Wolken sind ganz schwarz, und bald ist der Himmel so dunkel wie bei Nacht. Es beginnt zu regnen, zu donnern und zu blitzen. Im Auto hört man das Krachen des Donners über den Dächern der Häuser und das Trommeln der Regentropfen auf das Dach des Autos.

Wer saust dort die Bungelosen Straße entlang? Ist das Herr Wagner? Ja! Er läuft wie der Blitz auf das Auto zu, erreicht die Tür, reißt sie auf und stürzt ins Auto. Seine Kleider sind ganz naß. 'Zum Donnerwetter!' sagt er. 'Wir fahren nach Hause. Ich habe genug von der Geschichte des Rattenfängers und der Kinder.' Also fahren sie los auf dem Weg am Ufer der Weser entlang.

Das Gewitter ist bald vorbei. Die Sonne bricht wieder durch die Wolken und der Regen trommelt nicht mehr auf die Dächer der Autos. Man sieht das Leuchten der Blitze und hört das Donnern des

Mach Mit!

Gewitters nur noch von fern. Herr Wagner parkt das Auto am Waldrand hoch über den Ufern der Weser. Von hier oben hat man eine Aussicht auf die Weser und ihre Berge und weit unten sieht man die Dächer der Dörfer am Ufer des Flusses. Das Wetter ist jetzt wirklich schön. Die Sonne scheint heiß auf die Gipfel der Berge, auf die Blätter der Bäume und die Blumen der Wiesen. 'Seht ihr, wie alles dampft?' sagt Frau Wagner. 'Ach, wie schön es ist!'

Herrn Wagners Kleider sind noch naß. 'O ja, wunderschön...,' sagt er. 'Ich steige aus dem Wagen und dampfe auch ein bißchen in der Sonne, wie die Blumen auf den Wiesen.'

EXPRESSIONS

Er läuft auf das Auto zu.	*He runs towards the car.*
Er reißt die Tür auf.	*He wrenches the door open.*
Zum Donnerwetter!	*Hang it!*

VOCABULARY: see p. 161. GRAMMAR: see p. 144.

Exercises

A Answer the following questions:

1 Was fällt auf das Dach des Autos?
2 Wer merkt, daß es regnet?
3 Von wo kommen die Regentropfen?
4 Welche Farbe haben die Wolken?
5 Was gibt es immer am Himmel bei Regenwetter?
6 Auf welche Dächer fällt der Regen?
7 Wessen Kleider sind naß?
8 Wovon hat Herr Wagner genug?
9 Was macht die Sonne gleich nach dem Gewitter?
10 Was sieht man noch weit von der Straße?
11 Welches Auto parkt Herr Wagner am Waldrand?
12 Was sieht man weit unten?
13 Welche Berge sehen die Wagners und die Kinder?
14 Worauf scheint die Sonne?
15 Was dampft nach dem Regen?
16 Regnet es jetzt, wo du bist?
17 Welche Farbe haben die Wolken über der Schule?
18 Wie kommst du bei Regenwetter nach Hause?
19 Wofür ist der Regen gut?
20 Was hört man bei einem Gewitter?

Die Stadt des Rattenfängers, 2

B Look at the example and join the following pairs of sentences in similar fashion:
 e.g. *Ein Hund bellt im Garten. Wir hören ihn.*
   Wir hören das Bellen eines Hundes im Garten.
 1 Die Sonne verschwindet. Wir sehen das nicht gern.
 2 Der Donner kracht. Man hört ihn.
 3 Die Blitze leuchten. Man sieht sie von fern.
 4 Die Regentropfen trommeln auf das Dach. Wir hören sie im Auto.
 5 Wir fahren im Regen. Wir haben das nicht gern.
 6 Wir warten am Straßenrand. Wir sind bald müde davon.
 7 Der Wind saust über die Wiese. Wir hören ihn.
 8 Das Wasser steigt im Fluß. Wir merken es.
 9 Die Wiesen dampfen in der Sonne. Wir finden es schön.
 10 Die Vögel singen. Wir hören sie gern.

C Look at the example and join the following pairs of sentences in similar fashion:
 e.g. *Diese Kinder haben Bücher. Sie sind interessant.*
   Die Bücher dieser Kinder sind interessant.
 1 Diese Häuser haben Gärten. Sie sind klein aber schön.
 2 Diese Garagen haben Fenster. Sie sind offen.
 3 Die Eltern haben Autos. Sie stehen in den Garagen.
 4 Die Kinder haben Fahrräder. Sie sind auch in den Garagen.
 5 Die Freunde haben Autos. Sie stehen vor den Häusern.
 6 Diese Familien haben Hunde. Sie bellen in den Gärten.
 7 Die Wohnzimmer haben Fenster. Sie sind zu.
 8 Die Jungen haben einen Fußball. Er fliegt durch ein Fenster.

D In the following, 'a perfect schoolboy' tells you about himself. Rewrite his remarks so that they tell us what 'one' does to be perfect, i.e. change *ich* to *man* and make any other changes which become necessary as a result.
 1 Ich mache gern die Hausaufgaben und mache sie nicht zu schnell.
 2 Ich lese und denke viel.
 3 Ich bin immer fleißig — auch nachmittags.
 4 Ich antworte oft und gern im Unterricht.
 5 Ich erreiche die Schule früh am Morgen.

Mach Mit!

6 Ich trage die Bücher für den Lehrer.
7 Ich laufe und spiele nicht in der Schule.
9 Ich werfe den Fußball nicht an den Kopf meines Freundes.
10 Ich lasse mein Kätzchen zu Hause.

E (*a*) Rewrite the following passage as if both the writer and his wife were friends of Rudolf, and went out together to buy his present. Start with: '*Meine Frau und ich . . .*'

Ich fahre im Auto in die Stadt und suche ein Geschenk für Rudolf. Er ist ein Freund von mir. Ich kaufe einen Bücherschrank für ihn. Für mich ist ein Bücherschrank nicht zu teuer, denn ich bin reich. Rudolf gibt mir auch immer ein Geschenk zum Geburtstag. Ich fahre dann zum Haus, wo er wohnt, und schenke ihm den Bücherschrank. 'Das ist aber nett von dir,' sagt er, 'und jetzt bekommst du ein Stück Geburtstagskuchen.' Er führt mich ins Wohnzimmer und gibt mir Kaffee und Geburtstagskuchen.

(*b*) The following are the words of somebody who is making a phone-call to a close friend. Rewrite them

1 as if he were referring throughout to both his friend *and* his friend's wife;
2 as if he were not on familiar terms with the person he is addressing:

'Wie geht es dir? Seit wann bist du wieder in Hannover? Kommst du zu mir oder komme ich zu dir? Ja, gut, komm heute schon! Ich sehe dich gegen 7 Uhr. Fährst du mit dem Auto? Nein? Also, ich fahre dich nach Hause. Bis 7 Uhr. Auf Wiederhören!'

F Prepare the paragraph beginning: 'Das Gewitter . . .' for dictation.

G Answer the following questions in such a way as to make a connected narrative:

Wie ist das Wetter heute? Wie sind die Wolken heute?

Warum sieht man nicht immer die Sonne? Wie sind die Wolken gewöhnlich bei einem Gewitter? Von wo kommt der Regen? Regnet es so oft in Deutschland wie in England?

Was hört man bei einem Gewitter? Was leuchtet am Himmel? Was reißt die Blätter von den Bäumen? Wie sind die Wiesen nach dem Regen?

REVISION 3

A Rewrite the following passage, changing each word in italics into its opposite.

Mein Vater und ich gehen *spät* aus dem Haus. Die Gartentür ist *zu*. Wir gehen nach *links* die Straße entlang. Die Luft ist *kühl*. Wir laufen an die Haltestelle. Da kommt die Straßenbahn. Mein Vater ist *jung* und er läuft zu *schnell* für mich.

Die Straßenbahn *fährt los*. Sie ist ganz *neu*, und die Plätze sind *weich*. *Von* dieser Haltestelle fahre ich *oft* mit der Straßenbahn *zum* Bahnhof. Die Fahrt ist *kurz*. *Morgens* um ½ 7 sind die Straßenbahnen voll. Ich finde die Straßenbahn *gut*. Sie fährt *vielleicht* 10 Minuten zum Bahnhof.

Auf dem Wege in die Stadt sieht man *rechts* einen Berg. *Oben*, nicht weit vom *Gipfel* des Berges, ist ein Wald. *Jeder* Baum im Wald hat Blätter.

B Imagine you are moving into a new house. Make up instructions to the removal-men as to where to take things:

e.g. *Gartentisch, Gartenstühle.*
   Bitte bringen Sie den Gartentisch und die Gartenstühle in den Garten!
1 Motorroller, Fahrrad, Zelt.
2 Lampe, Radio, Fernsehapparat, Sofa, Bücher, Bücherschrank, Blumen, Zeitungen.
3 Tisch, Stühle, Bild, Uhr.
4 Teller, Schüsseln, Gläser, Kochtöpfe, Küchenherd.
5 Bett, Decken, Kleider.

C At each point where a word occurs in brackets, use it in a phrase which fits well in the context:

Zwei Jungen spielen Fußball (in). Darin steht ein Baum. Ein Vogel sitzt dort oben (auf) und singt. Er sieht das Kätzchen (unter) nicht, denn viele Blätter sind am Baum (zwischen). Es kommt langsam und still (um) und springt nach oben. Es ist schon oben (neben). Aber der Vogel sieht das Kätzchen und fliegt natürlich gleich (von) weg. Das Kätzchen ist jetzt ganz allein hoch oben (in). Es miaut. Warum kommt es nicht nach unten? Es kann nicht!

Mach Mit!

Die Jungen hören das Miauen und kommen schnell (an). Ein Junge steigt nach oben (zu). Es sitzt ganz oben (zwischen). Der Junge erreicht es, nimmt es (in), steigt wieder nach unten und springt (mit) (auf). Das Kätzchen bleibt jetzt im Garten (bei) und geht nicht mehr (von) weg.

D Leaving the phrases on the left in the same order, add to each a phrase from the right so that the resultant story makes good sense. Use each phrase once only.

Heute ist der Geburtstag	ihrem Mann.
Sigrid kauft	die Mutter.
Sie geht mit	der Eltern und des Bruders.
Sigrid macht selbst die Hausarbeit für	der Mutter.
Sie bringt den	ein Geschenk für sie.
Sie macht die Betten	diesem Tag.
Sie putzt	dem Haus.
Wolfgang ist auch nicht faul an	ihrer Kinder findet sie sehr schön.
Er geht mit	die Fenster.
Er spielt nicht mit seinem Fußball in	Eltern Kaffee.
Frau Gruber bekommt auch noch ein Kleid von	seinem Geschenk zu der Mutter.
Die Geschenke ihres Mannes und	ihrem Geschenk zu der Mutter.

E Read the following remarks made by Karl about Christmas presents from his father:

Mein Vater schenkt mir einen Fußball. Er schenkt Mutti eine Uhr, meinem Bruder Hans ein Fahrrad und meiner Schwester Luise einen Roller.

Using pronouns where appropriate, give the father's answers to the following questions

(*a*) from Hans:
   1 Was schenkst du mir?
   2 Was schenkst du Mutti?
   3 Was schenkst du Karl?
   4 Was schenkst du Luise?

Revision 3

(b) from his wife:
1 Wem schenkst du den Fußball?
2 Wem schenkst du die Uhr?
3 Wem schenkst du das Fahrrad?
4 Wem schenkst du den Roller?

(c) from Luise:
1 Wer gibt Karl den Fußball?
2 Wer gibt Mutti die Uhr?
3 Wer gibt Hans das Fahrrad?
4 Wer gibt mir den Roller?

F Rewrite the following passage
  (a) in the 3rd person singular—begin with 'Der Junge' instead of 'Ich'
  (b) in the 3rd person plural—begin with 'Die Jungen',
  and in each case make any changes which become necessary:

Ich fahre mit dem Zug nach Bonn. Ich gehe an den Bahnhof und kaufe eine Fahrkarte. Ich warte nicht lange, denn der Zug kommt bald. Ich steige ein und finde einen Platz am Fenster. Bei mir im Zug sitzt ein Mann. Dieser Mann fragt mich: 'Wohin fährst du?' 'Nach Bonn,' antworte ich. Ich habe nichts zu lesen, und der Mann gibt mir Zeitungen. Ich lese sie, dann esse ich eine Birne. Ich bin müde und ich schlafe ein bißchen. Am Bahnhof in Bonn gebe ich dem Mann seine Zeitungen, sage ihm 'Danke schön' und stehe auf. Der Mann öffnet die Tür für mich und sagt mir 'Auf Wiedersehen'.

G (a) Make up questions which aim at finding out the information contained in the words in italics in the following passage. Get your neighbour to answer your questions.

  e.g. 1 Die Frau geht mit *Peters Bruder* in den Laden.
      Question: Mit wem geht die Frau in den Laden?
     2 Das Kind liest *Peters* Buch.
      Question: Wessen Buch liest das Kind?

Rolf geht in *sein* Schlafzimmer und nimmt *seine Schulbücher* aus *dem Bücherschrank*. Er kommt wieder nach unten und beginnt mit seinen Hausaufgaben. Er sitzt am *Tisch* im Eßzimmer und zeichnet eine Karte. *Rolfs* Schwester kommt auch ins Zimmer. Sie stellt noch einen Stuhl an den Tisch und

Mach Mit!

beide Kinder arbeiten zusammen. Zwischen den Kindern sitzt die Katze *auf dem Fußboden*.

Rolf hat Durst und sagt es der Schwester. Sie hat *ihren Bruder* sehr gern und geht für ihn in die Küche und macht etwas Kaffee auf dem Küchenherd. Sie kommt mit *dem Kaffee* ins Eßzimmer und gibt ihn ihrem Bruder. Er bekommt auch ein Stück Kuchen. Der Kaffee riecht und schmeckt gut.

Er sagt *ihr* 'Danke schön'.

(*b*) Answer the following questions about the above passage, using pronouns where appropriate, in your answers:
 1 Was nimmt Rolf aus dem Bücherschrank?
 2 Macht Rolf die Hausaufgaben für seine Schwester?
 3 Wer sitzt am Tisch neben Rolf?
 4 Was sitzt zwischen den Kindern?
 5 Wer hat seinen Bruder sehr gern?
 6 Was macht Rolfs Schwester in der Küche?
 7 Wer bringt Rolf Kaffee?
 8 Was bringt sie auch noch für ihren Bruder?
 9 Stellt sie den Kaffee auf den Tisch?
 10 Wer sagt 'Danke schön' für den Kaffee?

(*c*) Answer the following questions about the above passage, using a possessive adjective in each answer (*sein*, *ihr*, etc.):
 1 Aus welchem Bücherschrank nimmt Rolf die Bücher?
 2 Wo ist Rolfs Bücherschrank?
 3 Mit wessen Büchern kommt er ins Eßzimmer?
 4 Mit wem sitzt er am Tisch?
 5 Wer macht Kaffee für Rolf?
 6 Für wen macht sie den Kaffee?
 7 Mit wem sitzt sie am Tisch?
 8 Wen hat sie sehr gern?
 9 Wessen Karte sieht sie auf dem Tisch?
 10 Wem sagt er 'Danke schön'?

H The following are the words of a mother to her children. Rewrite the words
 (*a*) as if she were talking to only one child ('Du . . .');
 (*b*) as if she were talking to a tenant with whom she is not on such familiar terms ('Sie . . .'):

Ihr lacht zu viel beim Essen und ihr eßt nicht genug. Ihr bekommt genug zu essen, aber ihr laßt immer die Hälfte davon auf

5. Weserbergland (*siehe Kapitel 15*)

6. Der Maschsee, Hannover (*siehe Kapitel 16*)

Revision 3

dem Teller. Seht ihr diese Schüssel Kompott? Warum eßt ihr es nicht? Ihr nehmt immer nur ein bißchen davon. Warum leert ihr die Schüssel nicht? Ihr braucht viel zu essen, denn ihr seid groß und stark.

Nun, seid nett! Bleibt am Tisch und nehmt noch etwas Kompott, oder eßt noch ein Brötchen mit Butter und Honig! Lacht doch nicht!

16 AM MASCHSEE*

Die Kinder arbeiten im Eßzimmer. Sie sprechen nicht, denn sie machen ihre Hausaufgaben. Ihre Eltern sitzen im Wohnzimmer. Die Tür ist offen, und die Kinder hören, was ihre Eltern sagen. 'Ich trinke heute nachmittag eine Tasse Kaffee mit unseren Freunden, Herrn Hofmann und seiner Frau,' sagt Herr Gruber. 'Wir gehen zu dem Restaurant am Maschsee. Kommst du mit, Christa?' fragt er seine Frau. 'Nehmt ihr uns auch mit?' ruft Wolfgang. 'Ihr seid noch nicht fertig mit eueren Hausaufgaben, denke ich,' sagt Herr Gruber.

'Es ist besser, ihr bleibt da und macht sie zu Ende.' 'Ach Vati,' sagt Wolfgang, 'ein bißchen Sonne und Luft ist sehr gesund. Das sagen immer unsere Lehrer. Wir lassen unsere Hausaufgaben bis morgen, nicht wahr, Sigrid?' 'Ich nicht,' antwortet Sigrid. 'Ich mache meine Aufgaben noch heute abend.' Herr Gruber sagt: 'Euere Hausauf-

* The Maschsee is a lake in Hanover.

Am Maschsee

gaben sind fast immer zu kurz und zu leicht.' 'Sie sind schon lang und schwer genug für mich,' sagt Wolfgang.

Dann legen die Kinder ihre Bleistifte und Füller auf den Tisch und schließen ihre Hefte. 'Fährst du uns zum See, Vati?' fragt Wolfgang. 'Ich fahre so gern in unserem Wagen.' 'Nein, heute gehen wir zu Fuß. Denkt an eure Gesundheit, Kinder, und vergeßt nicht, was eure Lehrer sagen!'

Herr Gruber und seine Frau trinken Kaffee an einem Tisch vor dem Restaurant am See. Da kommen Herr und Frau Hofmann an

den Tisch. 'Guten Tag!' sagt Herr Hofmann. 'Wie geht es Ihnen? Wo sind Ihre Kinder?' 'Sie sind in einem Segelboot auf dem See,' antwortet Frau Gruber. 'Ist das nicht das Boot Ihrer Kinder?' fragt Frau Hofmann. Ein Boot segelt schnell am Restaurant vorbei. Sigrid und ihr Bruder sitzen darin. In diesem Augenblick kommt ein Windstoß und wirft das Boot um. Beide Kinder fallen ins Wasser. Wolfgang schwimmt schnell zum Boot, richtet es auf und steigt wieder ein. Gleich darauf erreicht auch seine Schwester das Boot.

Mach Mit!

Herr Hofmann lacht und sagt: 'Ihr Sohn schwimmt bestimmt besser, als er segelt.'

Die Kinder bringen das Boot ans Ufer und kommen zu ihren Eltern. Den Freunden ihrer Eltern sagen sie 'Guten Tag!' 'Ach Mutti,' sagt Sigrid, 'Segeln ist wirklich schön. Morgen segeln wir wieder. Kommst du dann auch mit?'

EXPRESSIONS

Sie machen die Aufgaben zu Ende.	*They finish doing the exercises.*
Sie sind schon lang und schwer genug für mich.	*They are quite long and difficult enough for me.*
Denkt an eure Gesundheit!	*Think of your health!*
am Restaurant vorbei	*past the restaurant*
in diesem Augenblick	*at that moment*
Er richtet das Boot auf.	*He rights the boat (sets it upright).*
besser, als er segelt	*better than he sails*

VOCABULARY: see p. 161. GRAMMAR: see p. 145.

Pattern practice

1 Kinder, wer ist das in euerm Garten? Das ist *unser Nachbar*.
   Vater, Lehrer, Freund, Bruder;
   unsere Nachbarin, Mutter, Schwester, Freundin, Familie.
   Kinder, wohin geht ihr nach dem Mittagessen? Wir gehen vielleicht in *unsern Garten*.
   Wald, Laden;
   unsere Tanzstunde, Garage, Straße, Küche;
   unser Zelt, Haus, Wohnzimmer, Eßzimmer.
   Peter und Karl, wo spielt ihr heute nachmittag? Wir spielen vielleicht in *unserem Boot*.
   Haus, Wohnzimmer, Eßzimmer, Schlafzimmer;
   unserer Straße, Garage, Schule, Küche.
   Was bringt ihr in die Schule? Wir bringen unsere *Bücher*.
   Hausaufgaben, Brötchen, Fußbälle, Hefte, Würstchen, Fahrräder.

2 Hans und Inge, wo ist *euer Zelt*? Ach, *unser Zelt* ist zu Hause!
   Essen? Kuchen? Zucker? Honig? Kaffee? Kartoffelsalat?;
   eure Schüssel? Butter? Karte? Zeitung?

Am Maschsee

Und wo sind eure *Teller*? Ach, unsere *Teller* sind zu Hause!
Würstchen? Birnen? Gläser? Decken?
Wir finden die Farbe *eures Bootes* sehr schön.
Zelt, Auto;
Tisch, Kochtopf, Wagen;
eurer Decken, Kleider, Stühle, Teller, Tassen.
Else und Maria, warum kommt ihr immer mit *euerm Hund* zum Campingplatz? Warum nicht?
Mercedes? Fernsehapparat? Freund? Lehrer? Nachbar?;
Radio? Kätzchen?;
eurer Familie? Katze? Arbeit? Nachbarin?;
euern Kindern? Freundinnen? Büchern? Eltern?

3 Herr Schwarz, ist das *Ihr Wagen*? Nein, das ist nicht *mein Wagen*.
Kaffee? Hund? Fernsehapparat? Fußball? Kochtopf?;
Zelt? Fahrrad? Radio? Auto? Buch? Boot?;
Ihre Decke? Zeitung? Uhr? Hose? Birne? Familie?
Herr Blank, haben Sie Ihre *Bücher*? Nein, ich habe sie nicht.
Gläser? Kochtöpfe? Teller? Schüsseln? Würstchen? Eier? Brötchen?
Frau Ludwig, haben Sie ein Bild *Ihres Mannes*?
Nachbar? Junge? Bruder? Vater? Garten? Sohn?;
Kind? Mädchen? Haus? Dorf? Zelt?;
Ihrer Tochter? Freundin? Schwester? Mutter? Familie?;
Eltern? Freunde? Hunde? Kätzchen?

4 Machen Peter und Fritz einen Ausflug mit *ihren Fahrrädern*?
Nein, sie bleiben zu Hause.
Eltern? Lehrern?;
Roller? Wagen? Auto? Freund?
Sind sie in *ihrem Zelt*? Nein, sie sind nicht dort.
Hotel? Auto? Boot? Wohnzimmer? Haus?;
Wagen? Garten?;
ihrer Garage? Schule?
Bringen die Mädchen *ihr Zelt*? Nein, sie bringen *es* nicht.
Boot? Fahrrad? Buch? Frühstück? Mittagessen?;
ihre Karte? Zeitung? Uhr? Katze?;
ihren Kochtopf? Roller? Lehrer? Hund?

Mach Mit!

Exercises

A Answer the following questions:

    1 Warum spricht Wolfgang nicht?
    2 Was macht Sigrid?
    3 Was machst du oft abends?
    4 Mit wem kommt Herr Hofmann zum Maschsee?
    5 Mit wem trinkt Herr Gruber heute nachmittag eine Tasse Kaffee?
    6 Womit sind die Kinder noch nicht fertig?
    7 Was sagen Sigrids und Wolfgangs Lehrer?
    8 Wann macht Sigrid ihre Hausaufgaben zu Ende?
    9 Wer gibt euch Hausaufgaben?
    10 Wer findet seine Hausaufgaben lang und schwer genug?
    11 Was legen die Kinder auf den Tisch?
    12 Was legt ihr auf den Tisch nach eueren Hausaufgaben?
    13 In welchem Wagen fährt Wolfgang gern?
    14 Mit wem sprechen Herr und Frau Gruber am Maschsee?
    15 Wo sind Frau Grubers Kinder?
    16 Welches Segelboot sieht Frau Hofmann?
    17 Wo segelt das Boot vorbei?
    18 Mit wem sitzt Sigrid im Boot?
    19 Neben wem sitzt du?
    20 Wem sagen die Kinder 'Guten Tag'?

B Using a possessive adjective (*mein, dein*, etc.) in each answer, give
  (*a*) Sigrid's and Wolfgang's answers to the following questions:

      1 Wer sagt: 'Ein bißchen Sonne und Luft ist gut für euch'?
      2 Mit wem trinken Herr und Frau Hofmann Kaffee?
      3 Wer sind Herr und Frau Hofmann?

  (*b*) Herr Gruber's answers to these questions:
      4 Womit sind Ihre Kinder noch nicht fertig?
      5 Was legen Ihre Kinder auf den Tisch?
      6 Mit wem sitzen Sie und Ihre Frau am Maschsee?
      7 Welches Segelboot sehen Sie und Ihre Frau?
      8 Wer segelt am Restaurant vorbei?
      9 Neben wem sitzt Ihr Sohn im Segelboot?
      10 Wer schwimmt besser, als er segelt?

Am Maschsee

C (*a*) Rewrite the following questions as if Herr Hofmann were addressing them to Sigrid and Wolfgang (he uses the familiar form of address):

1 Wo machen Wolfgang und Sigrid ihre Hausaufgaben?
2 Finden Wolfgang und Sigrid ihre Hausaufgaben leicht oder schwer?
3 Fahren Wolfgang und Sigrid gern in ihrem Wagen?
4 Denken Wolfgang und Sigrid an ihre Gesundheit?
5 Vergessen manchmal, was ihre Lehrer sagen?
6 Was machen Wolfgangs und Sigrids Eltern am Ufer des Maschsees?
7 Segelt Wolfgangs und Sigrids Mutter gern?
8 Segeln Wolfgang und Sigrid morgen mit ihrer Mutter?

(*b*) Rewrite the following questions as if Wolfgang were addressing them to Herr Hofmann:

1 Segelt Herr Hofmann manchmal mit seiner Frau?
2 Segelt Herrn Hofmanns Frau gern?
3 Wo sind Herrn Hofmanns Kinder heute?
4 Kommt Herr Hofmann auch manchmal mit seinen Kindern zum Maschsee?
5 Schwimmt Herrn Hofmanns Tochter auch gut?

D Put the following in the plural:

(*a*) Vor dem Dorf steht ein Schild. Der Junge fährt auf seinem Fahrrad durch das Dorf. Er sieht einen Wald, einen Berg und ein Denkmal. Der Junge fährt über einen Fluß und an einer Wiese vorbei. Neben der Straße ist eine Reihe von Bäumen. Eine Wolke steht über der Wiese. Diese Wolke ist groß und schwarz. Ein Regentropfen fällt auf den Jungen. Rechts sieht er einen Baum und wartet darunter.

(*b*) In dieser Straße stehen ein Hotel, ein Warenhaus, ein Restaurant, ein Autohaus, ein Modegeschäft und ein Radiogeschäft. Eine Straßenbahn fährt die Straße entlang und hält an der Haltestelle. Ein Bus fährt auch vorbei. Das Haus links ist groß, und das Dach ist sehr hoch. Das Haus hat keinen Garten und keine Garage. Daneben steht ein Geschäft, und über dem Geschäft ist ein Büro. Vor dem Haus brennt eine Straßenlampe. Da stehen ein Auto und ein Motorroller.

Mach Mit!

E Herr Bruns does the opposite of what his wife does. Rewrite the following sentences to show what Frau Bruns does.
   e.g. *Herr Bruns* geht nach *unten*.
      Frau Bruns geht nach oben.
   1. *Herr Bruns* arbeitet *bei Nacht*.
   2. *Er steht auf*.
   3. *Er kommt auf das Haus zu*.
   4. *Er kommt* allein *ins Haus*.
   5. *Er* geht *nach links*.
   6. Für *ihn endet* der Tag.
   7. *Er öffnet* die Tür.
   8. *Er* arbeitet *langsam*.
   9. *Er* sagt: 'Wie *klug* du bist!'
   10. *Er* trinkt Kaffee *am Vormittag*.
   11. *Er* ißt *am Morgen* nicht viel.
   12. *Er* parkt das Auto *vor dem Haus*.
   13. *Seine* Kleider sind *alt*.
   14. *Er* findet es *kühl* im Wohnzimmer.
   15. *Er* ist *schon* müde.

F Answer the following questions:
   1. Was ißt man oft in Deutschland zum Frühstück?
   2. Worauf liegen die Brötchen?
   3. Was trinkt man gewöhnlich in Deutschland zum Frühstück?
   4. Worauf erwärmt die Mutter das Wasser für den Kaffee?
   5. In welchem Zimmer macht sie das?
   6. Was dampft auf dem Frühstückstisch?
   7. Woraus trinkt man Kaffee?
   8. Woraus trinkt man Wasser?
   9. Wo sitzt du beim Frühstück?
   10. Woraus macht man einen Honigkuchen?
   11. Stellt man den Honigkuchen auf den Küchenherd?
   12. Was ißt man oft zu Würstchen in Deutschland?

G Learn by heart the part of the text beginning: 'Ich trinke heute nachmittag...' down to '...zu Ende.'

H Answer the following questions in such a way as to make a connected story. Use possessive adjectives where appropriate:

Was macht Herr Gruber heute nachmittag? Wer ist noch nicht fertig mit seinen Hausaufgaben? Was macht Sigrid noch heute abend? Was macht Wolfgang morgen?

Wer sitzt am Tisch vor dem Restaurant? Wer kommt noch an den Tisch? Wessen Kinder sehen Herr und Frau Gruber in einem Segelboot? An welchem Restaurant segeln die Kinder vorbei? Mit wem fällt Wolfgang ins Wasser? Erreicht Wolfgang das Boot vor oder nach seiner Schwester?

Zu wem geht Wolfgang? Mit wem spricht Sigrid vor dem Restaurant?

Am Maschsee

Abendlied

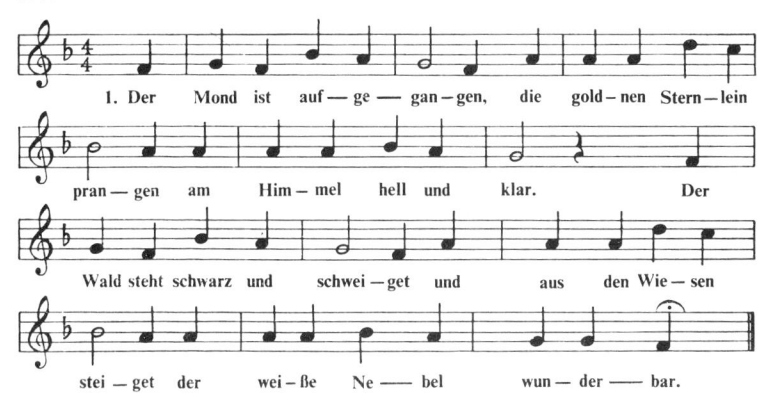

1. Der Mond ist auf—ge—gan—gen, die gold-nen Stern—lein pran—gen am Him—mel hell und klar. Der Wald steht schwarz und schwei—get und aus den Wie—sen stei—get der wei—ße Ne—bel wun—der——bar.

2. Wie ist die Welt so stille
und in der Dämmrung Hülle
so traulich und so hold
als eine stille Kammer,
wo ihr des Tages Jammer
verschlafen und vergessen sollt.

3. So legt euch denn ihr Brüder,
in Gottes Namen nieder;
kalt ist der Abendhauch.
Verschon uns, Gott, mit Strafen
und laß uns ruhig schlafen
und unsern kranken Nachbar auch.

17 FERIEN AUF DEM LAND, 1

Die großen Ferien sind da. Heute nachmittag fährt die ganze Familie Gruber aufs Land, und die Kinder besuchen zum ersten Mal das Bauernhaus ihrer Großeltern. 'In welchem Dorf wohnen sie denn, Vati?' fragt Wolfgang. (Er ist immer noch fleißig in Geographie!) 'Eure Großeltern wohnen jetzt in Wolthusen, einem Dorf bei Celle', antwortet Herr Gruber. 'Das Dorf ist klein, aber sehr schön.'

Er läßt sein Auto zu Hause, denn er hat genug von dem starken Verkehr auf den Straßen. Die Familie geht zu Fuß zur Haltestelle um die Ecke und fährt mit der nächsten Straßenbahn zum Bahnhof.

Herr Gruber geht an den ersten Schalter, aber das ist nicht der richtige. Er geht an den nächsten Schalter und dort kauft er die Fahrkarten. Sigrid schaut auf den großen Fahrplan neben dem Schalter und sucht darauf den nächsten Zug nach Celle. Dann sagt sie zu ihrer Mutter: 'Unser Zug fährt um 14.20 Uhr.'

Ferien auf dem Land, 1

'Fährt unser Zug von diesem Bahnsteig, Sigrid?' fragt die Mutter. 'Nein, von jenem da drüben, Mutti,' antwortet Sigrid.

In drei Viertelstunden sind sie schon in Celle. Sie steigen aus und rufen den nächsten Gepäckträger. Er hebt die beiden großen, schweren Koffer und den kleinen, leichten auf und bringt sie und das andere Gepäck zum Bus. Dieser starke Mann trägt die ganze Zeit auf dem belebten Bahnhof solche schweren Koffer. Die Grubers fahren mit dem Bus weiter.

Der Bus fährt um eine Ecke, und drüben sieht man schon die schönen Häuser des Dorfes. 'Wohnen die Großeltern in diesem alten Bauernhaus rechts oder in jenem neuen da drüben?' fragt Wolfgang. 'In dem neuen,' antwortet Herr Gruber. 'Es ist wirklich groß!' sagt Wolfgang. 'Ja, das ist wahr,' sagt Herr Gruber, 'aber in solchen großen Bauernhäusern lebt nicht nur der Bauer mit seiner Familie. Mehr als die Hälfte des Gebäudes ist für die Tiere.' 'Sei artig, Wolfgang,' sagt Frau Gruber zu ihrem Sohn, 'oder du schläfst heute nacht bei den Tieren!'

Mach Mit!

Das Leben auf dem großen Bauernhof bei dem Großvater und der Großmutter ist natürlich ganz anders als zu Hause bei Familie Gruber. Jeden einzelnen Tag der langen Ferien auf dem Lande finden die beiden Kinder wirklich schön und interessant.

EXPRESSIONS

aufs Land	*into the country*
auf dem Land(e)	*in the country*
zum ersten Mal	*for the first time*
noch immer; immer noch	*still*
die beiden Koffer	*both suitcases*
anders als	*unlike, different from*

VOCABULARY: see p. 161. GRAMMAR: see p. 145.

Pattern practice

1 Welcher Koffer ist wirklich gut, dieser *grüne*, jener *grüne* oder der andere in der Ecke? Jeder einzelne Koffer im Geschäft ist wirklich gut.
   groß, klein, schwarz, rot, dunkel.

   Welche Uhr ist teuer, diese *kleine*, jene *kleine* oder die andere im Fenster? Jede einzelne Uhr im Geschäft ist teuer.
   neu, alt, schön, groß, schwer.

   Welches Auto ist neu, dieses *schnelle*, jenes *schnelle* oder das andere bei der Tür? Jedes einzelne Auto im Autohaus ist neu.
   nett, schwer, leicht, schwarz.

2 Gehst du gern in diesen *großen* Wald? Ich gehe gern in jeden *großen* Wald, besonders in den *großen* Wald bei Freiburg.
   dicht, kühl, dunkel, alt, schön.

   Hörst du diese *alte* Geschichte gern? Ich höre jede *alte* Geschichte gern, besonders die *alte* Geschichte vom Rattenfänger.
   gut, nett, lang, interessant.

   Gehst du gern in dieses *neue* Café? Ich gehe gern in jedes *neue* Café, besonders in das *neue* Café in der Goethestraße.
   teuer, interessant, nett, gut, belebt.

3 Ist der Lehrer des *dummen* Schülers nett? Welches *dummen* Schülers? Der Lehrer dieses *dummen* Schülers in der Ecke.
   neu, jung, klein, groß, müde.

Ferien auf dem Land, 1

Ist die Freundin der *schönen* Schülerin nett? Welcher *schönen* Schülerin? Die Freundin der *schönen* Schülerin in der Ecke.
   gut, fleißig, artig, klug, wunderschön.

Ist der Garten des *kleinen* Hauses schön? Welches *kleinen* Hauses? Der Garten des *kleinen* Hauses da drüben.
   grün, teuer, neu, alt, hoch.

4 Auf welchem Stuhl sitzt du gewöhnlich, auf diesem *alten* Stuhl hier oder auf jenem *alten* am Fenster? Ich sitze auf dem *alten* am Fenster.
   grün, neu, klein, groß, schön.

Zu welcher *großen* Schule gehst du denn, zu dieser *großen* Schule hier oder zu jener *großen* da drüben? Ich gehe zu der *großen* Schule da drüben.
   klein, alt, neu, gut, schön.

In welcher der drei Garagen steht ein Volkswagen, in dieser *kleinen* hier, in jener *kleinen* dort oder in der anderen *kleinen* an der Ecke? In jeder *kleinen* Garage steht ein Volkswagen.
   groß, grün, neu, lang, hoch.

5 Sind diese *interessanten* Bücher in deinem Bücherschrank? Welche *interessanten* Bücher? Die *interessanten* Bücher von Richter. Nein, solche *interessanten* Bücher sind zu teuer.
   schlecht, klein, groß, alt, neu.

6 Siehst du jene *fernen* Wolken? Welche *fernen* Wolken? Die *fernen* Wolken da drüben.
   schwarz, dunkel, hoch, schwer, groß.

7 Sind die Hefte solcher *klugen* Schüler alle so schön? Die Hefte welcher *klugen* Schüler? Der *klugen* Schüler von Herrn Kästner.
   gut, fleißig, klug, jung, artig.

8 In diesen *schönen* Wagen sitzen Schüler. Kommen viele Schüler in solchen *schönen* Wagen? In den *schönen* Wagen kommen nur Schüler in die Schule.
   teuer, groß, neu, gut, nett.

Exercises

A Answer the following questions:

   1 Welche Ferien haben Wolfgang und Sigrid?
   2 Was macht Wolfgang heute zum ersten Mal?
   3 Wen besuchen die Grubers?

Mach Mit!

4 In welchen Stunden in der Schule ist Wolfgang immer noch fleißig?
5 Warum fährt die Familie Gruber nicht mit dem Auto nach Wolthusen?
6 Welche Straßenbahn nehmen die Grubers?
7 Wo kauft Herr Gruber die Fahrkarten für den Zug?
8 Welchen Zug sucht Sigrid?
9 Wo sucht Sigrid den Zug nach Celle?
10 Um wieviel Uhr fährt der Zug?
11 Um wieviel Uhr ist die Familie Gruber in Celle?
12 Welche Koffer nimmt der Gepäckträger?
13 Wie sind die beiden großen Koffer der Familie Gruber?
14 Womit geht der Gepäckträger zum Bus?
15 Wie viele Koffer trägt er?
16 Was ist wirklich schön und interessant für Wolfgang und Sigrid?
17 Wer ist nicht immer artig?
18 Bei wem wohnen Sigrid und Wolfgang in den großen Ferien?
19 Wo finden die Kinder jeden Tag schön?
20 Fährst du gern aufs Land?

B Look at the example, and join the following pairs of sentences in similar fashion:
e.g. *Hier ist der Schalter. Der Schalter ist offen.*
    Hier ist der offene Schalter.

Die Ferien sind im Sommer. Die Ferien sind lang.
Die Familie erreicht den Bahnhof um 14.45 Uhr. Der Bahnhof ist belebt.
Der Vater kauft die Fahrkarten. Die Fahrkarten sind teuer.
Der Fahrplan ist da drüben. Der Fahrplan ist groß.
Die Familie geht auf diesen Bahnsteig. Der Bahnsteig ist lang.
Der Gepäckträger nimmt das Gepäck. Das Gepäck ist schwer.
Welches ist das Gebäude? Das Gebäude ist groß.
Bauern wohnen in solchen Häusern. Die Häuser sind groß.
Der Junge sieht die Großeltern wieder. Die Großeltern sind alt.
Der Junge schläft heute nacht nicht bei den Tieren. Der Junge ist artig.
Er und seine Schwester spielen gern auf den Wiesen. Die Wiesen sind grün.

Ferien auf dem Land, 1

C Write out the following passage, putting the adjectives in brackets in the correct form. (Note that, when an adjective-ending is added, *dunkel* drops its *e*, e.g. *der dunkle Himmel*; and *hoch* drops its *c*, e.g. *das hohe Dach*.)

Ich sitze und schaue durch das (groß) Fenster auf den (schön) Garten hinter dem Haus. Der Gipfel des (hoch) Berges auf der (ander) Seite des Flusses liegt in den (schwarz) Wolken. Der (kalt) Wind reißt die (grün) Blätter von dem (hoch) Baum am (ander) Ende des (lang) Gartens. Der (stark) Regen trommelt auf das Dach der (neu) Garage. Der Regen ist gut für die (schön) Blumen. Die (dicht) Wolken verschwinden bald, und die (heiß) Sonne scheint wieder am Himmel. Die (klein) Vögel singen schon wieder. Hinter den Bergen sieht man noch immer die (fern) Blitze.

Solche (stark) Gewitter gibt es oft in den Bergen.

D Answer the following questions, using an appropriate form of *der*, *dieser*, *jener* or *jeder* and a suitable adjective in each answer:
   e.g. *Welche Antworten hört ein Lehrer gern?*
      Er hört jede richtige Antwort gern.

 1 Auf welchem Stuhl sitzt du?
 2 Auf welchem Stuhl sitzt der Lehrer manchmal?
 3 Mit welchem Füller schreibst du?
 4 Mit welchem Bleistift schreibst du?
 5 Welches Fenster ist offen?
 6 Welches ist zu?
 7 In welches Heft schreibst du deine Deutschaufgaben?
 8 Welches Buch liest du jetzt?
 9 Welche Schüler machen ihre Hausaufgaben schlecht?
10 Welche Schüler machen sie gut?
11 Welche Schüler lernen viel?
12 Welche lernen nicht viel?
13 Welche Aufgaben machen Schüler gern?
14 Welche Aufgaben machen sie nicht gern?
15 Welche Aufgaben machst du jetzt?

E Look at the example and join the following pairs of sentences in similar fashion, beginning each with *Solche*.
   e.g. *Die Bauern sind reich. Sie haben viele Tiere.*
      Solche reichen Bauern haben viele Tiere.

Mach Mit!

1 Die Koffer sind groß. Sie sind schwer.
2 Die Koffer sind klein. Sie sind leicht.
3 Die Gepäckträger sind stark. Sie tragen viel Gepäck.
4 Die Kinder sind klein. Sie sind nicht immer artig.
5 Die Großeltern sind nett. Sie sehen Kinder gern.
6 Die Bauernhäuser sind alt. Sie sind sehr interessant.
7 Die Sommertage sind lang. Sie sind gar nicht lang für die Kinder.
8 Die Ferien sind schön. Sie sind viel zu früh zu Ende.

F Before each word in the following lists, insert in the correct form the possessive adjective given in brackets.

(a) Sigrid und Wolfgang fahren zum Campingplatz. Sie kommen mit (ihr)
Zelt, Segelboot, Radio;
Freund, Vater, Großvater;
Großmutter, Mutter, Katze;
Koffern, Kleidern und Büchern.

(b) Wolfgang sagt zu Sigrid: 'In diesen Koffern sind (unser)
Zelt, Radio;
Fahrplan, Fußball, Kochtopf;
Schüssel, Karte, Uhr;
Bücher, Decken und Teller.'

(c) Herr Gruber sagt zu Wolfgang und Sigrid: 'Kinder, ihr eßt am kleinen Tisch. Da sind schon (euer)
Eier, Würstchen, Brötchen;
Butter;
Kartoffelsalat, Kuchen, Honig
und Kompott.'

(d) 'Frau Gruber, es ist Zeit zum Essen. Rufen Sie bitte (Ihr)
Mann, Sohn, Vater;
Mutter, Tochter, Freundin;
Brüder, Schwestern!'

G Prepare for dictation the paragraph starting: 'In drei Viertelstunden ...'.

Ferien auf dem Land, 1

H Answer the following questions with full sentences, using appropriate adjectives wherever possible:

Mit wem fährt Sigrid aufs Land? Fährt sie oft zum Bauernhaus der Großeltern? Ist Wolthusen ein großes Dorf?

Was findet Herr Gruber nicht schön auf den Straßen? Welche Straßenbahn nimmt die Familie Gruber zum Bahnhof?

Welcher Schalter auf dem Bahnhof ist nicht der richtige für Herrn Gruber? Was ist neben dem Schalter? Mit welchem Zug fährt die Familie nach Celle?

Wer trägt das Gepäck zum Bus? Welcher Koffer ist leicht und welche sind schwer?

Der Bus kommt um eine Ecke. Welches Bauernhaus sehen die Grubers links?

18 FERIEN AUF DEM LAND, 2

Die Großeltern, Herr und Frau Gruber, Wolfgang und Sigrid sitzen am nächsten Morgen beim Frühstück.

Wolfgang: Wie groß diese Eier sind!

Großvater: Sie kommen von unsern eigenen Hühnern. Wir haben vierzig Hühner. Sie legen sehr viele Eier. Du bist doch gut in Mathematik, Wolfgang... Ein gesundes Huhn legt im Sommer ein Ei pro Tag und im Winter ein Ei jeden zweiten Tag. Wie viele Eier bekommen wir im Durchschnitt in der Woche?

Wolfgang: Ach Opa, das erinnert mich an eine langweilige Mathematikstunde.

Sigrid: Sieben mal vierzig im Sommer, das macht zweihundertachtzig. Sieben mal zwanzig im Winter, hundertvierzig. Im Durchschnitt zweihundertzehn in der Woche. Also, Wolfgang, zehn Eier kosten DM 1,50. Wieviel verdienen Oma und Opa an ihren vielen Hühnern im Jahr?

Wolfgang: 52 mal, 20 mal DM 1,50, das ist... eine ganze Menge Geld!

Großvater: Noch eine Frage, Wolfgang. Eine Kuh gibt 25 Liter Milch pro Tag, aber nur an 300 Tagen im Jahr. Wieviel Milch bekomme ich von meinen 25 Kühen in einem ganzen Jahr?

Wolfgang: Ja, das ist leicht... viele tausend Liter, denke ich...

Sigrid: Was ist das für eine Antwort! Sie ist nicht sehr genau.

Ferien auf dem Land, 2

Wolfgang: Jetzt machen wir aber Pause. Sigrid, wir machen einen kurzen Spaziergang um den Bauernhof. Ich nehme mein neues Luftgewehr mit. Vielleicht bringen wir eine schöne Wildente zum Mittagessen nach Hause.

Die beiden gehen zuerst über eine große Wiese. Wolfgang macht einen großen Bogen um die Kühe, denn sie erinnern ihn zu sehr an Mathematik. Dann kommen sie an einen kleinen Fluß.

'Da sind meine Wildenten!' ruft Wolfgang. Er schießt auf eine große Ente — natürlich vorbei. Er schießt noch einmal und dann noch einmal, aber die Enten schwimmen geradeaus in einer langen Reihe weiter. Wolfgang geht ohne Ente wieder nach Hause.

Nach dem Mittagessen sagt der Großvater: 'Ich gehe an den Fluß und gebe meinen hungrigen Enten etwas zu fressen. Kommt ihr mit?' 'O weh!' denkt Wolfgang. 'Danke Opa, ich habe keine große Lust.' Sigrid sagt: 'Ich komme ein anderes Mal.'

Nach einer halben Stunde kommt Opa wieder. 'Ich verstehe es nicht,' sagt er. 'Eine von meinen kleinen Enten hinkt, und ihr schöner Schwanz ist weg! Wolfgang, was ist los mit dir?...'

EXPRESSIONS

pro Tag; pro Woche	*per day; per week*
jeden zweiten Tag	*every second day*
sieben mal sieben	*seven times seven*
im Durchschnitt	*on the average*
eine ganze Menge Geld	*lots of money*
Was ist das für eine Antwort?	*What sort of answer is that?*
Jetzt machen wir aber Pause.	*But now let's have a break.*
Wir machen einen kurzen Spaziergang.	*We'll go for a short walk.*
Er schießt natürlich vorbei.	*Of course, he misses.*
Ich habe keine (große) Lust.	*I am not (very) keen.*
Was ist los mit dir?	*What's the matter with you?*

VOCABULARY: see p. 162. GRAMMAR: see p. 146.

Pattern practice

1 (*a*) Opa spricht mit Wolfgang:

```
Ist dein eigenes    Luftgewehr ein      kleines   oder ein  großes?
 „   „  teuer-          „       „       leicht-     „   „   schwer-?
 „   „  schön-          „       „       kurz-       „   „   lang-?
 „   „  ander-          „       „       alt-        „   „   neu-?
 „   „  schwarz-        „       „       schlecht-   „   „   gut-?
Mein . . . . . . .  Luftgewehr ist kein . . . . . . . Es ist ein . . . . . .
```

Mach Mit!

(*b*) Go over the above again using *Bücherschrank* instead of *Luftgewehr*:
e.g. *Ist dein eigener Bücherschrank ein kleiner oder ein großer?*
Mein eigener Bücherschrank ist kein kleiner. Er ist groß.

2 (*a*) Opa spricht mit Wolfgang und Sigrid:
Ist euer netter Nachbar ein kleiner oder ein großer Mann?
„ „ neu- „ „ langweilig- „ „ interessant- „ ?
„ „ alt- „ „ faul- „ „ fleißig- „ ?
„ „ reich- „ „ dumm- „ „ klug- „ ?
„ „ jung- „ „ schlecht- „ „ gut- „ ?
Unser ...... Nachbar ist kein .... Mann. Er ist ....

(*b*) Go over the above again using *Nachbarin* instead of *Nachbar*:
e.g. *Ist eure junge Nachbarin eine kleine oder eine große Frau?*
Unsere junge Nachbarin ist keine kleine Frau. Sie ist groß.

3 (*a*) Da sind Herr und Frau Gruber. Ist das sein *kleines* Auto oder ihr *kleines* Auto? Das ist sein *kleines* Auto, denn Frau Gruber hat kein Auto.

grün, teuer, neu, alt, groß, schwarz.

(*b*) Go over the above again, using (*der*) *Wagen* instead of *Auto*
(... *sein kleiner Wagen oder ihr kleiner Wagen?* ...)

4 (*a*) 'Herr Gruber, Sie kommen zum Campingplatz, nicht wahr? Bringen Sie
Ihren grünen Wagen? Ihre alte Großmutter? Ihr neues Zelt?
„ alt- Vater? „ schön- Tochter? „ grün- Auto?
„ groß- Hund? „ neu- Karte? „ schön- Segelboot?
„ schwer- Fernseh- „ schwarz- Katze? „ neu- Luftgewehr?
apparat?
„ neu- Fußball? „ fleißig- Nachbarin? „ klein- Kätzchen?
'Ja, natürlich bringe ich *meinen* ...'

(*b*) Go over the above again, starting 'Herr Gruber bringt seinen grünen Wagen, seine alte ...'

5 Else spricht mit Marianne:
Ich habe keinen *guten Bleistift*, keine *gute Karte* und kein *neues Heft*.
Gibst du mir deinen *guten Bleistift*, ... zum Geburtstag?
Nein, denn ich habe nur einen *guten Bleistift*, ...

Ich habe keinen grün- Füller, keine teuer- Uhr und kein interessant- Buch.
Ich habe keinen klein- Hund, keine schwarz- Katze und kein weich- Kätzchen.

Ferien auf dem Land, 2

Ich habe keinen groß– Bücherschrank, keine gut– Lampe und kein schön– Bild.

Ich habe keinen neu– Kochtopf, keine schön– Schüssel und kein leicht– Fahrrad.

6 Fritz und Ruth sprechen mit Karl und Maria:
Geht ihr jetzt in

eueren großen Garten?	euere alte	Garage?
,, dicht– Wald?	,, warm–	Küche?
,, neu– Laden?	,, schön–	Schule?
,, groß– Bauernhof?	,, langweilig–	Mathematikstunde?
	euer schönes	Bauernhaus?
	,, grün–	Boot?
	,, schwarz–	Zelt?
	,, klein–	Dorf?

Ja, wir gehen gleich in *unseren* ...

7 (a) Frau Gruber spricht mit ihrer Freundin:

Findest du die Farbe *meines* neuen *Wagens* schön?

meines	*meiner*	*meines*
Koffer	Gartentür	Boot
Bücherschrank	Küche	Zelt
Roller	Decke	Sofa
Wagen	Katze	Haus
		Auto

Ja, ich finde die Farbe *deines* ... sehr schön.

(b) Go over the above, imagining that Herr and Frau Gruber are asking two close friends the questions:
e.g. *Findet ihr die Farbe unseres neuen Koffers schön?*
Answer: *Ja, wir finden die Farbe eueres* ... *sehr schön.*

8 Gibt Frau Krause *einem* hungrigen *Hund* etwas zu fressen (essen)?
Mann, Bauer, Junge, Nachbar, Vogel;
Frau, Freundin, Nachbarin, Ente, Kuh;
Mädchen, Kätzchen, Huhn, Tier.
Nein, sie gibt *keinem* hungrigen *Hund* etwas zu fressen (essen).

9 Schau doch! Frau Bonkers kommt mit *ihrem kleinen Bücherschrank* in den Garten.
alt– Kochtopf, schwarz– Hund, groß– Koffer, alt– Vater;
groß– Schüssel, groß– Karte, klein– Ente, warm– Decke;

Mach Mit!

klein– Radio, jung– Huhn, warm– Mittagessen, alt– Fahrrad, klein– Kätzchen.

Ja, Frau Bonkers und ihre Schwester kommen oft mit *ihrem kleinen Bücherschrank* in den Garten.

Exercises

A Answer the following questions on the text:
1. Wann gibt es Eier zum Frühstück?
2. Von welchen Hühnern bekommt Opa seine Eier?
3. Was für ein Huhn legt im Sommer ein Ei pro Tag?
4. Wie oft legen die Hühner im Winter?
5. Woran denkt Wolfgang bei Opas Frage?
6. Von wessen Kühen bekommt Opa Milch?
7. Was für eine Antwort gibt Wolfgang auf Opas Frage?
8. Was nimmt Wolfgang auf seinen Spaziergang mit?
9. Was für eine Wildente bringt er vielleicht nach Hause?
10. Wohin gehen die beiden zuerst?
11. Geht Wolfgang zu den Kühen? — Warum nicht?
12. An was für einen Fluß kommen sie?
13. Was sieht Wolfgang auf dem Fluß?
14. Worauf schießt er?
15. Wie oft schießt er?
16. Was machen die Enten?
17. Was macht Opa am Fluß?
18. Warum geht Wolfgang nicht mit Opa an den Fluß?
19. Wann kommt der Großvater wieder?
20. Was ist mit der kleinen Ente los?

B Answer the following questions:
1. Wie viele Eier legen Opas Hühner pro Woche im Sommer?
2. Wie viele Eier legen sie pro Woche im Winter?
3. Wie viele Eier legen seine Hühner im Durchschnitt in vier Wochen; in einem Jahr?
4. Ein Ei kostet 15 Pf. Wieviel kosten 2, 3, 4, 5, 6, 7, 8, 9, 10, 20, 30 Eier?
5. Opa hat 210 Eier in der Woche. Wieviel verdient er pro Woche; in vier Wochen; im Jahr?
6. Wie viele Liter Milch geben seine 25 Kühe pro Tag; pro Woche; pro Jahr?
7. Wie viele Tage hat ein Jahr; eine Woche; wie viele Tage haben zwei Wochen; drei Wochen; vier Wochen?

Ferien auf dem Land, 2

C Look at the example and join the following pairs of sentences in similar fashion:
  e.g. *Wolfgang ißt ein Ei. Das Ei ist groß.*
  Wolfgang ißt ein großes Ei.
  1 Die Großeltern wohnen in einem Bauernhaus. Es ist neu.
  2 Wolfgang denkt an eine Mathematikstunde. Sie ist langweilig.
  3 Sigrid gibt eine Antwort. Sie ist genau.
  4 Wolfgang nimmt sein Luftgewehr mit. Es ist neu.
  5 Hier ist ein Fluß. Er ist klein.
  6 Die Enten schwimmen auf einem Fluß. Er ist klein.
  7 Diese Ente hat einen Schwanz. Er ist schön.
  8 Wolfgang schießt auf eine Ente. Sie ist groß.
  9 Da liegt ein Schwanz. Er ist klein.
  10 Opa besucht seine Enten. Sie sind hungrig.

D In the following sentences, alter the phrases in italics, using the nouns supplied, together with suitable adjectives:
  1 Herr Brummer fährt mit *einem alten Auto*.
     (Zug, Motorroller, Bus, Volkswagen, Fahrrad)
  2 *Sein junger Bruder* fährt mit.
     (Freund, Vater, Freundin, Mutter, Schwester)
  3 Er sieht *ein neues Hotel*.
     (Zaun, See, Geschäft, Denkmal, Schild)
  4 Er steigt aus und sitzt eine halbe Stunde am Rand *eines dichten Waldes*.
     (See, Weg, Wiese, Straße)
  5 Er besucht *seine alten Freunde* in der Stadt.
     (Eltern, Kinder, Großeltern, Lehrer, Nachbarn)
  6 Er fährt mit *seinen schönen Geschenken* nach Hause.
     (Bücher, Blumen, Koffer, Bilder, Kinder)

E Choose objects or people in the classroom or outside the window and apply suitable adjectives to them:
  e.g. *Da ist ein fleißiger Schüler*, etc.
  Your neighbour then says what the object or person is doing:
  e.g. *Der fleißige Schüler arbeitet.*

F Learn by heart the part of the text of this lesson beginning 'Sie kommen von unsern eigenen Hühnern...' as far as '... eine langweilige Mathematikstunde.'

Mach Mit!

G Using adjectives wherever possible before the nouns, answer the following questions so as to produce a piece of connected prose:

Du besuchst einen Bauernhof. Mit wem besuchst du ihn? Wer führt euch um den Bauernhof? Welche Tiere zeigt er euch? Findest du einen Fluß? Wo sind die Enten? Auf was für einer Wiese sind die Kühe?

Es regnet, donnert und blitzt. Was siehst du am Himmel? Was hörst du? Bleibst du auf der Wiese? Was machst du?

19 JEDER HÖRT DIE GEIGE GERN

'Mutti, darf ich auf meiner neuen Geige üben?' fragt Sigrid. 'Ja, natürlich darfst du,' antwortet ihre Mutter. 'Aber willst du nicht ein paar Minuten warten? Ich muß gleich einkaufen gehen; dann kannst du in Ruhe spielen.' 'Ach Mutti, ich muß jetzt sofort beginnen, denn schon morgen soll ich im Schulkonzert spielen.'

Sigrid holt ihre Geige und beginnt gleich zu spielen. Sie spielt leider sehr schlecht, aber es ist bestimmt nicht leicht, die Geige gut zu spielen. 'Magst du diese Melodie, Mutti?' 'Ich finde sie wunderschön, Sigrid, aber jetzt muß ich wirklich gehen. Auf Wiedersehen!' Frau Gruber geht schnell aus dem Wohnzimmer und schließt die Tür.

Gleich darauf kommen Wolfgang und sein Freund Peter ins Zimmer. 'O weh, was ist mit der Katze los?' sagt Wolfgang. 'Ach so, Sigrid spielt Geige!' Sigrid will für die Jungen ihre Melodie spielen,

Mach Mit!

aber sie sind dagegen. 'Dein dummes Geigen können wir nicht leiden,' sagt Wolfgang. 'Wir mögen nur gute Musik, nicht wahr, Peter? Wollen wir Fußball spielen?' Die beiden Jungen laufen zur Tür hinaus.

Da bleiben nur noch die Katze und ihre Kätzchen im Wohnzimmer. 'Meine lieben, kleinen Kätzchen,' sagt Sigrid, 'ihr sollt meine schöne Melodie hören. Ihr mögt doch Musik, nicht wahr? Gleich sollt ihr Beethoven hören, wie noch nie!'

Nach ein paar Minuten kommen Herr Gruber und Herr Wagner, der Nachbar, ins Zimmer. 'Guten Abend!' sagt Sigrid. 'Herr Wagner, wollen Sie nicht Platz nehmen? Sie kommen gerade zur rechten Zeit. Sie müssen dieses schöne Lied hören. Sie können auch dazu singen, wenn Sie wollen.' 'Ein anderes Mal darfst du für uns spielen, Sigrid,' unterbricht ihr Vater. 'Jetzt wollen wir ein schönes Programm im Radio hören. Radio Luxemburg bringt Unterhaltungsmusik, glaube ich. Wir wollen es nicht versäumen.'

EXPRESSIONS

Dein Geigen können wir nicht leiden.	*We can't stand your violin-playing.*
Wollen wir Fußball spielen?	*Shall we play football?*
Die Jungen laufen zur Tür hinaus.	*The boys run out of the door.*
wie noch nie	*as never before*
Guten Abend!	*Good evening!*
Wollen Sie nicht Platz nehmen?	*Won't you take a seat?*
gerade zur rechten Zeit	*just at the right time*
im Radio	*on the radio*
Radio Luxemburg bringt Unterhaltungsmusik.	*Radio Luxemburg is broadcasting light music.*

VOCABULARY: see p. 162. GRAMMAR: see p. 147.

Pattern practice

1 Sigrid will auf der Geige üben.
   Will sie singen? Radio hören? tanzen? zeichnen? einkaufen gehen? in die Stadt gehen? in den Garten gehen?
   Frau Gruber asks Sigrid the same questions. Give her questions and Sigrid's answers to them, e.g. *Willst du ... ?* Answer: *Ich will ...*

Jeder hört die Geige gern

Peter und Wolfgang wollen Fußball spielen.
  Wollen sie Geige spielen? Radio hören? ins Schulkonzert gehen? nach Berlin fahren? einkaufen gehen? in die Stadt fahren?
Imagine Frau Gruber asks the boys the above questions (*Wollt ihr ... ?*) and give the boys' answers (*Wir wollen ...*).

2 Frau Gruber muß einkaufen gehen.
  Muß sie zu Hause bleiben? in der Küche arbeiten? ins Bett gehen? auf der Geige üben? mit den Jungen spielen? in Herrn Grubers Büro gehen? im Garten arbeiten?
Imagine you are a friend asking Frau Gruber the above questions (*Mußt du ... ?*) and give her answers (*Ich muß ...*).

Herr und Frau Gruber müssen ins Schulkonzert gehen.
  Müssen sie nach Wolthusen fahren? einkaufen gehen? am Wagen arbeiten? zum Maschsee gehen? in die Tanzstunde gehen? im Garten arbeiten?
Imagine you are Herr Wagner asking the questions (*Müssen Sie ... ?*), and give Herr and Frau Gruber's answers (*Wir müssen ...*).

3 Sigrid soll ein Lied von Beethoven im Schulkonzert spielen.
  Soll sie ein Lied von Schubert spielen? ein Lied singen? ein Bild von Beethoven zeichnen? eine Geschichte von Schiller lesen? bei einer Freundin spielen? in einem Restaurant geigen?
Imagine you are Herr Gruber and ask Sigrid the above questions (*Sollst du ... ?*), and give her answers (*Ich soll ...*).

Die Katzen sollen ein Stück von Beethoven hören.
  Sollen sie ein Stück von Brahms hören? eine Schüssel Milch trinken? ein Konzert hören? ein Lied singen? einen Spaziergang machen?
Imagine you are the tomcat next door and ask the above questions (*Sollt ihr ... ?*), and give the cats' answers (*Wir sollen ...*).

4 Sigrid darf im Schulkonzert spielen.
  Darf sie für Herrn Gruber spielen? vor Wolfgang und Peter üben? für Herrn Wagner spielen? auf der Straße spielen? in einem Café spielen?
Imagine you are a friend of Sigrid's and ask her the above questions (*Darfst du ... ?*), and give Sigrid's answers (*Ich darf ...*).

Wolfgang and Peter dürfen im Garten Fußball spielen.
  Dürfen sie in der Küche Fußball spielen? auf der Straße? auf

Mach Mit!

Sigrids Roller fahren? jetzt auf dem Maschsee segeln? mit dem Fahrrad im Garten fahren?

Imagine you are a school friend and ask Wolfgang and Peter the above questions (*Dürft ihr ... ?*), and give their answers (*Wir dürfen ...*).

5 Herr Wagner kann nur ein paar Minuten bleiben.

Kann er eine halbe Stunde bleiben? eine Stunde bleiben? jetzt ein langes Programm im Radio hören? jetzt einen Ausflug mit Wolfgang machen? jetzt einen Bücherschrank für Wolfgang bauen?

Imagine that Herr Gruber asks Herr Wagner the above questions. Give his questions (*Können Sie ... ?*) and Herr Wagner's answers (*Ich kann ...*).

Im Garten können die Jungen Fußball spielen.

Können sie im Bett Fußball spielen? auf dem Tisch? im Segelboot? auf dem Roller? auf dem Sofa? in der Nacht?

Go over the above questions again using *man*, and supply the answers (*Kann man im Bett Fußball spielen? Nein, man ...*).

6 Wolfgang mag heute gar nichts machen.

Mag er einen Ausflug machen? ein Bild zeichnen? ein Schulkonzert hören? mit einem Freund spielen? ein Buch lesen? eine Ente schießen?

Imagine Herr Gruber is asking Wolfgang the above questions. Give Herr Gruber's questions (*Magst du ... ?*) and Wolfgang's answers (*Nein, ich mag ...*)

Wolfgang und Peter mögen heute die Schule nicht.

Mögen sie zum Unterricht gehen? in die Geographiestunde? ins Schulkonzert? in die erste Stunde? in die Schule? in die Mathematikstunde?

Imagine Sigrid is asking the boys the above questions. Give her questions (*Mögt ihr heute ... ?*) and the boys' answers (*Nein, wir mögen ...*).

Exercises

A Answer the following questions:

1 Was will Sigrid machen und warum?
2 Wie lange soll Sigrid warten?
3 Was muß Frau Gruber gleich machen?
4 Wer soll manchmal für deine Mutter einkaufen gehen?
5 Warum will Frau Gruber nicht zu Hause bleiben?

Jeder hört die Geige gern

6 Wie spielt Sigrid?
7 Wie findet Frau Gruber Sigrids Geigen?
8 Wie geht Frau Gruber aus dem Zimmer?
9 Für wen will Sigrid spielen?
10 Was können Wolfgang und Peter nicht leiden?
11 Wer mag nur gute Musik?
12 Was für Musik magst du?
13 Warum laufen die Jungen zur Tür hinaus?
14 Wer bleibt im Zimmer?
15 Was will Sigrid für die Katzen spielen?
16 Mit wem kommt Herr Gruber ins Zimmer?
17 Was will Sigrid für Herrn Wagner machen?
18 Was soll er hören?
19 Will Herr Gruber wirklich das Programm im Radio hören?
20 Magst du die Geige auch nicht?

B Rewrite the following sentences, including in each the modal verb given at the head of each group:

e.g. *sollen: Schließt eure Bücher! Ihr sollt eure Bücher schließen!*

Sollen: Geht jetzt nach Hause!
  Vergeßt eure Bücher nicht!
  Arbeitet fleißig!
  Geht früh zu Bett!
  Lest nicht zu lange im Bett!

Können: Ich finde das Restaurant nicht.
  Jetzt sehe ich es.
  Wir hören die Musik.
  Riecht ihr das gute Essen?
  Schmeckt ihr den Kaffee im Kuchen?

C Rewrite the following passage:
  (*a*) as if you were talking to a close friend (*Du* . . .),
  (*b*) as if you were addressing two close friends (*Ihr* . . .);

Sie wollen morgen nach München fahren. Sie sollen um 7 Uhr am Bahnhof sein, denn Sie dürfen den Zug nicht versäumen, oder Sie müssen fünf Stunden warten, und Sie mögen nicht warten. Sie können also schon mit dem ersten Bus um 6.30 Uhr zum Bahnhof fahren.

Mach Mit!

D Rewrite the following sentences, including in each the modal verb given with each group:

Müssen: Wir fahren heute nachmittag in die Stadt.
Ich gehe einkaufen.
Mein Freund kauft einen Füller, denn er macht heute abend seine Hausaufgaben.
Ich bin um 4 Uhr wieder zu Hause, denn meine Eltern besuchen heute abend die Großeltern.
Ich bleibe dann mit meiner kleinen Schwester zu Hause.

Wollen: In den Sommerferien fahren wir nach München.
Dort besuchen wir unsere Freunde.
Ich fahre dann allein nach Oberammergau.
Ich mache einen Ausflug in die Berge, aber meine Schwester bleibt in München.

Dürfen: Kinder, ihr geht heute abend ins Schulkonzert.
Ihr fahrt mit der Straßenbahn in die Stadt.
Dann trinkt ihr eine Tasse Kaffee im Café Kröpcke, und ihr eßt ein Stück Kuchen dazu.
Ihr bleibt nicht zu lange in der Stadt.

Sollen: Du kommst nie zu spät in die Schule.
Du arbeitest fleißig in der Schule.
Du sprichst nicht mit dem Nachbarn.
Wir sind immer artig.
Wir machen unsere Hausaufgaben am Nachmittag.

Können: Meine Schwester schwimmt hundert Meter.
Wir schwimmen beide unter Wasser.
Ich liege dann lange in der warmen Sonne, aber ich sehe nicht in die Sonne.
Mein Bruder schwimmt nicht, aber er segelt gut.

Mögen: Ich höre ihr Singen nicht gern.
Ich sage es ihr aber nicht.
Sie übt nur am Abend.
Wir sehen nur die interessanten Fernsehprogramme.

E Complete the following sentences using a modal verb in each:

1 Ich springe um ½ 7 aus dem Bett, denn . . .
2 Ich gehe in das Eßzimmer, denn . . .
3 Ich vergesse mein Mathematikbuch nicht, denn . . .

Jeder hört die Geige gern

    4 Ich bin artig und spreche nicht in der Mathematikstunde, denn ...
    5 Ich nehme einen Füller, denn ...

F Act the dialogue in the text of this lesson.

G Supply suitable adjectives before the nouns in italics in the following passage:

Sigrid steht im *Wohnzimmer*. Sie übt auf ihrer *Geige* ein *Stück* von Beethoven. Eine *Katze* und ihre *Kätzchen* sitzen unter einem *Tisch* neben einem *Sofa*. Wolfgang und sein *Freund* stürzen ins Zimmer. Wolfgang sagt: 'Was ist mit unserer *Katze* los? Oder sind es unsere *Kätzchen*? Ach so, es ist meine *Schwester* mit ihrer *Geige*.'

H Link the following as shown in the example:
e.g. *Ich gehe ins Konzert. Es ist interessant.*
Es ist interessant, ins Konzert zu gehen.

Ich höre ein gutes Konzert. Es ist schön.
Ich gehe ins Konzert. Es ist Zeit.
Ich habe einen guten Platz. Es ist natürlich besser.
Ich gehe oft ins Konzert. Es ist sehr teuer.
Ich nehme etwas Geld aus dem Schrank. Ich muß (es) nicht vergessen.
Ich komme nicht zu spät nach Hause. Ich muß (es) meinem Vater versprechen.

I Prepare the first paragraph of the text of this lesson for dictation.

J Write answers to the following questions so as to make a piece of connected prose:

Warum übt Sigrid auf der Geige? Warum geht Frau Gruber aus dem Haus? Wie finden die Jungen Sigrids Geigen? Was machen sie? Wer muß das Geigen hören? Was will Sigrid für die Katzen spielen? Wer kommt ins Wohnzimmer? Was soll Herr Wagner hören? Was darf Herr Wagner machen, wenn er will? Was will Herr Gruber hören?

20 IM BÜRO

Sigrid hat diese Woche keine Schule. Sie hilft Herrn Gruber im Büro, denn seine Sekretärin ist krank.

Herr Gruber: Sigrid, hast du den Brief vom 20. August von Herrn Fischer? Er will mich Freitag, den 10. September, besuchen, und heute ist schon der 4. Ich muß seinen Brief unbedingt beantworten.
Sigrid: Moment bitte! (*Sie sucht.*) — Hier sind Briefe vom 1. April, vom 2. Mai und vom 3. Juni, aber keiner vom 20. August. Doch! Hier ist er. (*Sie liest:*) 'Bielefeld, den 20. August. Lieber Herr Gruber!...' Aber Vati, er will am Sonnabend kommen!
Herr Gruber: Am Sonnabend! Das ist ja unmöglich! Am Sonnabend muß ich unbedingt nach Hamburg fahren. H.S.V.* spielt gegen Eintracht Frankfurt. Das darf ich nicht

* *H.S.V.: Hamburger Sportverein.* This and *Eintracht Frankfurt* are football-teams.

7. Am Hauptbahnhof, Hannover *(siehe Kapitel 17)*

8. Altes norddeutsches Bauernhaus (*siehe Kapitel 17, 18*)

Im Büro

	versäumen. Was soll ich ihm schreiben? Was muß ich am Sonnabend unbedingt machen, Sigrid? Soll ich schreiben, meine Frau hat Geburtstag? Nein, das geht nicht. Oder ich muß zum Zahnarzt? Nein, das geht auch nicht. So etwas kann man verschieben, nicht wahr?
Sigrid:	Aber Vati, das ist doch ganz einfach. Am Sonnabend hast du eine wichtige geschäftliche Besprechung in Hamburg! Das mußt du ihm schreiben.
Herr Gruber:	Ausgezeichnet! Also bitte, Sigrid, geh zur Schreibmaschine und schreib:

Hannover, den 4. September

Lieber Herr Fischer!

Vielen Dank für Ihr freundliches Schreiben vom 20. August. Leider kann ich Sie Sonnabend, den 11. September nicht empfangen. Ich muß zu einer wichtigen geschäftlichen Besprechung nach Hamburg fahren.

Vielleicht können Sie mich am folgenden Montag, dem 13. September, in meinem Büro besuchen. Am Dienstag, dem 14., oder am Mittwoch, dem 15., kann ich Sie auch empfangen.

Ich hoffe, bald von Ihnen zu hören.

Mit freundlichen Grüßen

Ihr

RUDOLF GRUBER

EXPRESSIONS

Moment!	*Wait a minute!*
Doch!	*O yes, there is!*
Das ist ja unmöglich!	*Why, that's impossible!*
Das darf ich nicht versäumen.	*I mustn't miss that.*
Das geht nicht.	*That won't do; that's impossible.*
so etwas	*that sort of thing; something like that*
vielen Dank	*many thanks*
mit freundlichen Grüßen	*yours sincerely*
Den wievielten haben wir heute? Der wievielte ist heute?	*What date is it?*

VOCABULARY: see p. 163. GRAMMAR: see p. 148.

Mach Mit!

Exercises

A Answer the following questions:

   1 Warum hilft Sigrid ihrem Vater im Büro?
   2 Welchen Brief sucht sie?
   3 Wessen Brief will Herr Gruber beantworten?
   4 Welche Briefe findet Sigrid zuerst?
   5 Warum muß Herr Gruber den Brief sofort beantworten?
   6 An welchem Tag will Herr Fischer kommen?
   7 An welchem Tag soll er nicht kommen?
   8 Warum soll er an diesem Tag nicht kommen?
   9 Wann spielt H.S.V. gegen Eintracht Frankfurt?
 10 Wo spielt H.S.V. gegen Eintracht Frankfurt?
 11 Was will Herr Gruber nicht versäumen?
 12 Was für eine Besprechung soll Herr Gruber in Hamburg haben?
 13 In welcher Stadt ist Herrn Grubers Büro?
 14 Am wievielten hilft Sigrid ihrem Vater im Büro?
 15 Wo wohnt Herr Fischer?
 16 An welchen Tagen kann Herr Gruber Herrn Fischer empfangen?
 17 An welchem Tag kann Herr Fischer Herrn Gruber unmöglich besuchen?
 18 Welcher Tag der Woche ist der 15. September?
 19 Welcher Tag der Woche ist der 20. September?
 20 Welcher Tag der Woche ist der 22. September?

B Supply answers to the following questions:

   1 Der wievielte ist heute?
   2 Wann hast du Geburtstag?
   3 Wann beginnen die Sommerferien in deiner Schule?
   4 Wann beginnt das Neue Jahr?
   5 An welchen Tagen kommst du in die Schule?
   6 An welchen Tagen kommst du nicht in die Schule?
   7 Wie alt bist du?
   8 Wie lange habt ihr im Sommer Ferien?
   9 In welchem Monat kommst du nicht in die Schule?
 10 In welchem Monat regnet es viel?

Im Büro

C Give the days of the week in order and for each of them mention something you do on that day:
Montag ist der erste Tag der Woche.
Am Montag...
Dienstag...

D For each of the phrases on the left select one from those on the right which will complete the sentence correctly. Use each phrase once only.

Am 1. Januar   beginnen die Sommerferien.
Der Februar   das Wetter oft sehr warm.
Am 20. März   kauft man viele Geschenke.
Im April   wir keine Schule.
Der 1. Mai   gibt es viel Regen.
Im Juni ist   endet der Winter.
Um den 25. Juli   beginnt das Neue Jahr.
Im August haben   hat nur 28 Tage.
Im September   ist der Tag der Arbeit.
Oktober ist   hat 30 Tage.
Der November   der 10. Monat des Jahres.
Im Dezember   beginnt das Schuljahr in England.

E Peter is talking to Wolfgang about his forthcoming trip to Munich. Read the passage through, giving the times and dates in full:

Am 24. IV. um 20.30 Uhr fahren wir los. Am Morgen des 25.IV. um 8.15 sind wir dann in München. Wir bleiben vom 25.IV. bis zum 1.V. dort.

Am 26.IV. und 27.IV. bleiben wir in der Stadt, aber am 28.IV. fahren wir in die Berge.

Den 29. und den 30.IV. haben wir frei. Der 30.IV. ist ja ein wichtiger Tag für mich, denn ich habe dann meinen 16. Geburtstag.

Am Abend des 1.V. fahren wir wieder nach Hause.

F Write out the following passage as if only Sigrid were involved:

Sigrid und Wolfgang mögen gern segeln. Heute wollen sie mit dem Roller wieder zum See fahren. Sie müssen aber warten, denn am Vormittag ist ein schweres Gewitter. Frau Gruber sagt: 'Ihr dürft noch nicht zum See, denn ihr sollt nicht bei diesem starken Wind segeln. Ihr wollt doch nicht noch einmal ins Wasser fallen.'

Mach Mit!

'Wir können doch bei jedem Wetter segeln, und bei Wind und Regen mögen wir es sehr gern. Denk doch, Mutti, welch ein Abenteuer! Der Regen gießt, der Donner kracht, und die Blitze leuchten. Man merkt nichts davon im Boot! Bitte, Mutti, dürfen wir jetzt gehen?'

G Learn by heart the part of the text beginning: 'Sigrid, hast du den Brief...' down to 'Hier ist er.'

H Answer the following questions in such a way as to make a connected narrative:

Was macht Sigrid in den Sommerferien? Warum ist die Sekretärin nicht im Büro? Welchen Brief muß Herr Gruber beantworten? Warum? Wie viele Briefe von Herrn Fischer findet Sigrid? Welcher ist der wichtige Brief? An welchem Tag beantwortet Herr Gruber den Brief von Herrn Fischer? Warum kann Herr Gruber Herrn Fischer nicht empfangen? Am wievielten spielt H.S.V. gegen Eintracht Frankfurt? An welchem Tag soll Herr Fischer nach Hannover kommen?

Das Lied der Deutschen — J. Haydn

Ei—nig—keit und Recht und Frei—heit für das deut—sche Va—ter—land
Da—nach laßt uns al—le stre—ben brü—der—lich mit Herz und Hand
Ei—nig—keit und Recht und Frei—heit sind des Glückes Un—ter—pfand.
Blüh im Glan—ze die—ses Glück—es Blü—he deut—sches Va—ter—land.

21 FAMILIE GRUBER GEHT AUS

Die Familie Gruber geht am Donnerstagabend aus. Im Theater spielt man Goethes 'Iphigenie auf Tauris'.* Herr Gruber ist begeistert, denn seine Lieblingsschauspielerin,† Liselotte Streich, spielt mit. Das Stück fängt um 8 Uhr an, und er will unbedingt pünktlich ankommen.

'Macht schnell!' ruft Herr Gruber. 'Sonst kommen wir zu spät. Christa, setz doch bitte deinen grünen Hut nicht auf, sonst mußt du ihn im Theater wieder abnehmen! Wo ist meine neue Krawatte...?' Er läuft vom Schlafzimmer ins Wohnzimmer und dann wieder nach oben ins Schlafzimmer. Für seine Lieblingsschauspielerin muß er unbedingt gut aussehen!

* *Johann Wolfgang von Goethe, 1749–1832.* One of his plays is called *Iphigenie auf Tauris.*
† *Lieblings-:* favourite, e.g. *mein Lieblingsbuch*: my favourite book.

Mach Mit!

Sigrid will an diesem Abend auch schön aussehen, und sie zieht ihr neues, schwarzes Kleid an. Sie geht ins Wohnzimmer und sagt zu Wolfgang: 'Sieh mich an! Bin ich nicht schön?' 'Na ja, es geht,' antwortet er.

Auf dem Tisch findet Wolfgang eine Schachtel Pralinen und macht sie auf. Er ißt eine nach der anderen. 'Wolfgang!' ruft seine Mutter aus dem Schlafzimmer. 'Willst du die Pralinen für mich mitnehmen?' 'Welche Pralinen, Mutti?' Er macht die Schachtel schnell wieder zu.

Endlich sind alle fertig. Das Auto steht vor der Tür. Sie steigen schnell ein und fahren los. Nach einer Viertelstunde kommen sie am Theater an und steigen dort aus. Bald sitzen sie auf ihren Plätzen, die Lichter gehen aus, und der Vorhang geht auf. Herr Gruber atmet tief ein. Seine Lieblingsschauspielerin soll jeden Augenblick erscheinen!

Aber was ist denn das? Ein Herr kommt auf die Bühne und sagt: 'Meine Damen und Herren, leider hat Frau Liselotte Streich eine schwere Erkältung. Frau Berta Schultz-Schocke spielt heute abend ihre Rolle.' Herr Gruber hört entsetzt zu. Er kann die Schultz-Schocke nicht leiden. Welch ein Theater!

EXPRESSIONS

Er ist begeistert.	*He is full of enthusiasm.*
Na ja, es geht.	*Well . . . all right.*
jeden Augenblick	*any minute*
Welch ein Theater!	*What a performance! What a to-do!*

VOCABULARY: see p. 163. GRAMMAR: see p. 148.

Exercises

A Answer the following questions:
1. Was macht die Familie Gruber am Donnerstagabend?
2. Warum ist Herr Gruber begeistert?
3. Wann fängt das Stück an?
4. Was soll Frau Gruber nicht machen?
5. Warum nicht?
6. Was sucht Herr Gruber und wo sucht er?
7. Warum will er unbedingt gut aussehen?
8. Was macht Sigrid mit ihrem neuen, schwarzen Kleid?
9. Wen soll Wolfgang ansehen?
10. Was findet er im Wohnzimmer?
11. Was macht er damit?

Familie Gruber geht aus

12 Wo ist Frau Gruber?
13 Was soll Wolfgang mit den Pralinen machen?
14 Wie kommen die Grubers ins Theater?
15 Wo steigen sie aus?
16 Welche Lichter gehen aus?
17 Bleibt der Vorhang zu?
18 Was macht Herr Gruber?
19 Warum spielt Frau Liselotte Streich heute abend nicht mit?
20 Wem hört Herr Gruber entsetzt zu?

B (a) *Was ein guter Schüler macht.* Make complete sentences using the following phrases:
e.g. *den Hut im Theater abnehmen.*
Er nimmt den Hut im Theater ab.

1 nie zu spät aufstehen.
2 seine Bücher in die Schule mitnehmen.
3 immer pünktlich losfahren.
4 nie zu spät in der Schule ankommen.
5 an der richtigen Haltestelle aussteigen.
6 intelligent aussehen.
7 die Tür für den Lehrer auf- und zumachen.
8 im Unterricht den Mund zumachen.
9 dem Lehrer immer zuhören.
10 nur am Samstag und Sonntag ausgehen.

(b) Shut the book. Take it in turns to say any sentence you can remember from this exercise until all ten have been given.

C Answer the following questions, using the verbs given in brackets:
e.g. *Du kommst zum Campingplatz. Was machst du mit deinem Zelt? (aufbauen). Ich baue es auf.*

1 Wolfgang findet eine Schachtel Pralinen. Was macht er damit? (aufmachen)
2 Frau Gruber ruft. Was macht Wolfgang mit der Schachtel? (zumachen)
3 Sigrid hat ein neues Kleid. Was macht sie damit? (anziehen)
4 Sie zeigt ihrem Bruder das neue Kleid. Was macht er? (ansehen)
5 Frau Gruber trägt manchmal einen großen Hut. Was macht sie damit im Theater? (abnehmen)

Mach Mit!

6 Frau Liselotte Streich ist krank. Was macht Frau Schultz-Schocke? (mitspielen)
7 Das Stück soll gleich anfangen. Was macht der Vorhang? (aufgehen)
8 Was macht Frau Gruber mit ihrem Hut nach dem Theater? (aufsetzen)
9 Familie Gruber steigt wieder ins Auto. Was macht sie dann? (losfahren)
10 Familie Gruber kommt wieder zu Hause an. Was macht sie dort? (aussteigen)

D Make up orders from the following statements:

e.g. *Du sollst deinen Hut abnehmen — Nimm deinen Hut ab!*

(a) 1 Maria, du sollst Opa und Oma ins Theater mitnehmen.
2 Du sollst meinen Hut nicht aufsetzen.
3 Du sollst dein schwarzes Kleid anziehen.
4 Du sollst nicht zu spät weggehen.

(b) 5 Kinder, ihr sollt heute abend nicht ausgehen.
6 Ihr sollt mit den Hausaufgaben anfangen.
7 Ihr sollt mir zuhören.
8 Ihr sollt die Tür zumachen.

(c) 9 Sie sollen sofort aufstehen.
10 Sie sollen Ihren Koffer mitnehmen.
11 Sie sollen Ihren Hut aufsetzen.
12 Sie sollen gleich losfahren.

E Rewrite the following sentences, including in each the modal verb given in brackets:

e.g. *Der Mann steigt in das Auto ein.* (*wollen*)
Der Mann will in das Auto einsteigen.

Herr Gruber geht gern aus. (mögen)
Heute abend sieht er wirklich gut aus. (wollen)
Seine Frau setzt keinen Hut auf. (sollen)
Sigrid zieht ihr neues Kleid an. (wollen)
Wolfgang ißt die Pralinen nicht alle auf. (dürfen)
Frau Gruber ist endlich fertig. Jetzt steigen sie alle ein. (können)
Es ist schon spät. Die Familie Gruber fährt schnell los. (müssen)
Der Vorhang geht pünktlich um 8 Uhr auf. (sollen)
Die Grubers kommen nicht zu spät an. (dürfen)

Familie Gruber geht aus

Herr Gruber sitzt auf seinem Platz. Jetzt gehen die Lichter aus. (können)
Er hört seiner Lieblingsschauspielerin gern zu. (mögen)
Liselotte Streich spielt heute nicht mit. (können)

F Read the following passage:

Herr Bruns kommt im Auto an. Die lange Fahrt von der Stadt ist zu Ende. Er steigt aus. Er macht die Wagentür zu. Heute abend bleibt er zu Hause. Er nimmt seinen Hut ab. Er zieht seine guten Kleider aus und seine alten an. Er nimmt auf dem Sofa Platz. Er macht sein interessantes Buch auf.

In the above passage, reverse the sequence of actions, giving the opposite of each. Use separable verbs:

'Herr Bruns macht sein interessantes Buch zu . . .'

G (a) Use the words in brackets in complete sentences which fit in well with the story.

Es ist ½ 7. Rolf Brenner liegt noch im Bett. (Augen aufmachen). (gleich aufstehen). (Hose anziehen). Er geht ans Fenster. (weit aufmachen). (zehnmal tief ein- und ausatmen).

Nach dem Frühstück sagt seine Mutter zu ihm: (Hut aufsetzen!). (besser aussehen). Rolf geht zur Bushaltestelle. (bald ankommen). (einsteigen). (losfahren). (an der Schule aussteigen).

Er hat Geographie, Deutsch und Mathematik. In der Pause spielt man Fußball. (Rolf mitspielen).

(b) Using the same verbs, give an account of your own morning.

H Prepare for dictation the part of the text from: 'Endlich sind alle fertig . . .' to 'jeden Augenblick erscheinen.'

I Imagine you are going to the theatre with your family this evening. Write about the visit, using separable verbs where appropriate. Use the following questions as a guide.

Was machst du mit deiner Familie heute abend? Was zieht ihr an? Wie seht ihr aus? Wann fängt das Stück an? Wer spielt mit? Was nehmt ihr mit? Wann fahrt ihr los? Wann kommt ihr an? Wo sitzt ihr im Theater? Das Stück beginnt gleich — was seht ihr? Was machst du dann? Um wieviel Uhr kommt ihr wieder zu Hause an?

REVISION 4

A Put the following in the plural:
  (a) Ein Mann kommt mit seinem Koffer zum Bahnhof. Er sieht auf den Fahrplan und kauft eine Fahrkarte am Schalter. Dann ruft er einen Gepäckträger. Der Gepäckträger hebt den Koffer des Mannes auf und bringt ihn auf den Bahnsteig. Der Mann steigt in den Zug ein.
  (b) Dieser Junge zeichnet gut. Er zeichnet einen Bauernhof. Das Gebäude ist ein Bauernhaus, und davor steht ein Bauer. Dort ist eine Kuh und hier ein Huhn. Auf dem kleinen See schwimmt eine Ente. Siehst du ihren schwarzen Schwanz? Auf dem Bild sind auch eine Dame und ein Herr. Sie machen einen Spaziergang um den Bauernhof. Der Herr trägt einen Hut.
  (c) Im Büro sitzt eine Sekretärin. Der Vorhang ist zu, und das Licht brennt. Die Sekretärin schreibt einen Brief.
  (d) Im Programm dieses Konzertes ist unser Lieblingslied und auch eine Melodie für eine Geige.
  (e) Diese Schauspielerin spielt ihre Rolle immer sehr gut. Wir wollen ihr heute eine Schachtel Pralinen schenken.

B Rewrite the following sentences, using the adjectives as adverbs and making any other necessary changes:
  e.g. *Dieses Mädchen gibt immer eine genaue Antwort.*
  Dieses Mädchen antwortet immer genau.
  (a) 1 Dieser Junge stellt intelligente Fragen.
  2 Er macht ausgezeichnete Arbeit.
  3 Er gibt immer die richtige Antwort.
  4 Er ist ein guter Fußballspieler.
  5 Er macht einen guten Anfang in dieser Schule.
  (b) 6 Bei Gewittern gibt es viele Blitze.
  7 Gewöhnlich gibt es bei einem Gewitter starken Regen.

C (a) Include the possessive adjective *Ihr*, suitably declined, in your answers to the following questions put by the teacher.
  1 Wessen Schüler (Schülerin) bist du?
  2 Auf welchem Stuhl sitze ich?
  3 Welches Buch habe ich in der Hand?

Revision 4

    4 Wessen Fragen beantwortet ihr?
    5 In wessen Haus wohne ich?
(*b*) Use *unser*, suitably declined, in your answers:
    6 Wessen Deutschlehrer (Deutschlehrerin) bin ich?
    7 Welche Bücher seht ihr an?
    8 Welche Schulbücher nehmt ihr mit nach Hause?
    9 Wessen Hefte habt ihr vor euch?
    10 Wessen Hausaufgaben sind immer ausgezeichnet?
(*c*) Use *ihr*, suitably declined, in your answers:
    11 Bei wem wohnen Sigrid und Wolfgang?
    12 In welchem Schlafzimmer schlafen Herr und Frau Gruber?
    13 In wessen Auto fahren sie gewöhnlich?
    14 In welchem Garten sitzen sie manchmal im Sommer?
    15 Vor welchem Fernsehapparat sitzen sie manchmal am Abend?
(*d*) Imagine that you are the teacher. Using *euer*, suitably declined, give answers to the following questions from your pupils:
    16 Welche Bücher sollen wir nehmen?
    17 Wessen Hefte liegen auf dem Tisch?
    18 Womit sollen wir schreiben?
    19 Welche Aufgaben sind nicht immer leicht zu lesen?
    20 Wessen Aufgaben finden Sie gut?

D Rewrite the following passage, putting the adjectives in brackets in the correct form:

Herr Schmidt: Wollen wir jetzt eine (kurz) Pause machen? Ich habe genug von dieser (schwer) Arbeit; Sie nicht auch?

Herr Braun: Ja, wir lassen die (langweilig) Arbeit für eine (kurz) Zeit und machen einen (klein) Spaziergang. Wir brauchen etwas Übung. Ihre (nett) Sekretärin kommt doch auch mit, nicht wahr?

Herr Schmidt: Ich glaube ja. Aber wohin gehen wir? Dem Büro gegenüber ist ein (gut) Restaurant. Da kann man zum Mittagessen ein (halb) oder ein (ganz) Hühnchen* bekommen. Es ist gut und auch gar

* chicken.

Mach Mit!

                nicht teuer. Oder wir gehen gleich um die (nächst) Ecke an dem (alt) Theater vorbei und dort, an der (erst) Kreuzung, dem (neu) Bahnhof gegenüber, ist noch ein ganz (ausgezeichnet) Restaurant.

Herr Braun: Ach, hören Sie nicht die (schwer) Regentropfen auf das Dach fallen? Wir wollen nicht weit gehen. Sonst sitzen wir in unseren (naß) Hosen beim Mittagessen.

Herr Schmidt: Also gut, wir essen drüben. Ich glaube, dieses (klein) Restaurant ist bestimmt nicht so teuer wie das andere. Dort kostet das Essen eine (ganz) Menge Geld.

Die (hungrig) Herren laufen schnell mit ihrer (nett) Sekretärin über die (belebt) Straße und bekommen bald ein (nicht zu teuer) Mittagessen in dem (schön) Restaurant.

E (*a*) Give the names of each of the days of the week.

   (*b*) Answer the following questions:

      1 An welchem Tag beginnt die Woche in Deutschland?
      2 An welchem Tag beginnt die Woche in England?
      3 An welchen Tagen habt ihr keine Schule?
      4 An welchem Tag endet die Schulwoche in eurer Schule?
      5 An welchem Tag bleibt man oft lange im Bett?

   (*c*) Give the names of all twelve months.

   (*d*) Answer the following questions:

      1 In welchem Monat gibt es gewöhnlich nur 28 Tage?
      2 In welchen Monaten gibt es 30 Tage?
      3 In welchem Monat kommst du nicht in die Schule?
      4 In welchem Monat reißt der Wind die Blätter von den Bäumen?
      5 In welchen Monaten gibt es viele Gewitter?

   (*e*) Give the dates, in full and in abbreviated form, of all the days in February.

   (*f*) Complete each of the following with a date:

      e.g. . . . *gehen wir nie in die Schule.*
        Am 25. (fünfundzwanzigsten) Dezember gehen wir nie in die Schule.

Revision 4

  1 ... habe ich Geburtstag.
  2 ... beginnt das Neue Jahr.
  3 ... endet das Jahr.
  4 ... beginnt der Sommer.
  5 ... beginnen unsere Sommerferien.
  6 ... ist der Geburtstag meiner Mutter.
  7 ... ist der Geburtstag meines Vaters.
  8 ... endet dieser Monat.

F Link the following sentences as in the example:
   e.g. *Wir finden es leicht. Wir machen diese Aufgabe.*
   Wir finden es leicht, diese Aufgabe zu machen.

Wir finden es schwer.   Wir sprechen Deutsch.
                                 Wir sitzen so lange still.
                                 Wir verstehen die Fragen.
                                 Wir sind immer artig.
                                 Wir machen unsere Aufgaben in der Straßenbahn.

Es ist schön.   Wir tanzen einen Walzer.
                                 Wir üben diese Tanzschritte.
                                 Wir spielen diese kleine Melodie.
                                 Wir finden ein paar Freunde im Café.
                                 Wir trinken viel Kaffee.

G (*a*) Count from 0–30; backwards from 30–0; in tens from 0–100. Give the even numbers from 30–60; odd numbers from 61–91. Say the 12× table.

  (*b*) Read out the following numbers:
     300, 401, 564, 674, 736, 822, 949, 1 247, 2 100, 1 600 891.

  (*c*) Read out the following dates:
     1066, 1265, 1688, 1870, 1914, 1945

  (*d*) Read out the following and give the answers:

DM 1.20 + DM 1.35 = ?   DM 34.00 + DM 32.00 = ?
DM 7.37 + DM 5.63 = ?   DM 110.00 + DM 293.50 = ?
  85 Pf. + 43 Pf. = ?   12 Pf. + 87 Pf. = ?

Mach Mit!

H Rewrite the following, leaving out all mention of Heinz, and making any necessary alterations:

e.g. *Rolf will mit seinem Zelt* ...

Rolf und Heinz wollen mit ihrem Zelt zu einem Campingplatz in den hohen Bergen fahren, denn sie müssen, wie der Lehrer sagt, an ihre Gesundheit denken. Sie dürfen einen Roller fahren, denn sie sind beide über 16 Jahre alt. Sie können also mit dem Roller zum Campingplatz fahren. Sie müssen nur noch ihr Gepäck holen und ihren Eltern 'Auf Wiedersehen' sagen, dann können sie aufsteigen und losfahren.

Im Anmeldebüro des Campingplatzes kaufen sie schnell ein paar Karten, denn sie sollen nicht vergessen, nach Hause zu schreiben. Sie dürfen ihr Zelt am Ufer des Sees aufbauen und den Roller neben dem Zelt parken. 'Wir wollen das Zelt gut aufbauen, denn der Wind soll es nicht umwerfen,' sagt Rolf. Die Jungen mögen den Campingplatz sehr, denn dort können sie fast die ganze Zeit schwimmen, segeln oder in der Sonne liegen.

GRAMMAR
illustrated in individual lessons

Chapter 1
All nouns are divided into masculine, feminine, or neuter.
> **Masculine:** *der Stuhl* (the chair)
> **Feminine:** *die Wand* (the wall)
> **Neuter:** *das Sofa* (the sofa)
> Der Stuhl ist hart.
> Die Wand ist groß.
> Das Sofa ist weich.

You must learn each noun with the accompanying *der*, *die*, or *das*.

Chapter 2
1 The pronoun has different forms for masculine, feminine, and neuter.
> **Masculine:** *er*
> **Feminine:** *sie*
> **Neuter:** *es*

Ist der Mann groß? Ja, *er* ist groß.
Scheint die Sonne? Ja, *sie* scheint.
Das Kätzchen ist nicht groß. *Es* ist klein.

2 Note the use of the word *wie* (how?; what ... like?)
Wie fliegt der Vogel? Er fliegt schnell.
Wie ist das Wetter? Es ist schön.

3 Note the following types of questions:
Fliegt der Vogel? Ja, er fliegt.
Was macht die Mutter? Sie steht auf.

Chapter 3
> **Masculine:** *ein Mann* (a man)
> **Feminine:** *eine Frau* (a woman)
> **Neuter:** *ein Mädchen* (a girl)
> Ein Mann steht da.
> Eine Frau sitzt da.
> Ein Mädchen kommt.

Kein (no, not a) has the same endings as *ein*.

Mach Mit!

Do not use *nicht* before *ein*!
> Ist das ein Vogel? Nein, das ist *kein* Vogel.
> Das ist *keine* Frau. Das ist ein Mädchen.
> *Kein* Kätzchen singt.

Chapter 4

All the nouns and pronouns you have seen so far were in the 'subject' form, used when the noun or pronoun is the subject of a verb. This form is known as 'nominative'.

When a masculine noun or pronoun is the object of a verb a change of form takes place, and the new form is known as 'accusative'. (Compare with English: *He* is nice. I like *him*.)

The accusative is used also after *durch* (through), *für* (for), *gegen* (against), *ohne* (without), *um* (round), and before *entlang* (along).

What appears to be the object of *ist* is put in the nominative.

Masculine accusative:
> *den Vater, einen Mann, keinen Tisch.*
> **Nominative:** *er* **Accusative:** *ihn*

Nominative	Accusative
Der Vater kommt.	Herr Braun besucht *den Vater*.
Ein Roller ist da.	Wolfgang putzt *einen Roller*.
Er ist da.	Wolfgang putzt *ihn*.
Kein Wagen kommt.	Sigrid hat *keinen Wagen*.
Da ist *der Baum*.	Der Vogel fliegt um *den Baum*.
Das ist *der Gartenzaun*.	Sigrid geht *den Gartenzaun* entlang.

Chapter 5

Plurals

There are various ways of forming the plural of nouns. From this lesson on, these are given in the vocabularies, and it is best to learn each noun with its article and its plural form. (See grammar reference for rules on the formation of plurals.) The nouns learnt up to now, with their plural forms, are:

der: Baum (¨e), Bus (-se), Bruder (¨), Fernsehapparat (-e), Garten (¨) Gartenzaun (¨e), Herr (-en), Hund (-e), Junge (-n), Laden (¨), Mann (¨er), Roller (-), Stuhl (¨e), Tisch (-e), Vater (¨), Vogel (¨), Wagen (-)

die: Ecke (-n), Frau (-en), Freundin (-nen), Gartentür (-en), Haltestelle (-n), Katze (-n), Luft (¨e), Mutter (¨), Sonne (-n),

Grammar

Straße (-n), Schwester (-n), Straßenlampe (-n), Tochter (¨),
Tür (-en) Uhr (-en), Wand (¨e)

das: Fenster (-), Fußballspiel (-e), Fahrrad (¨er), Haus (¨er), Kind (-er), Kätzchen (-), Kleid (-er), Mädchen (-), Modegeschäft (-e), Radiogeschäft (-e), Radio (-s), Sofa (-s), Wohnzimmer (-)

Nominative and Accusative plural

> *die, keine, Läden*
> *die, keine, Straßen*
> *die, keine, Geschäfte*
> There is no plural form of *ein*!

Verbs

	Singular		**Plural**
er, sie, es	*kommt*	*sie*	*kommen*
	sagt		*sagen*
Note: *er, sie, es*	*ist*	*sie*	*sind*
	hat		*haben*

Pronouns

Nominative: *er, sie, es*   *sie*
Accusative: *ihn, sie, es*   *sie*

Chapter 6
Present tense of verbs

kommen (to come)
ich	komme	wir	kommen
Sie	kommen	Sie	kommen
er, sie, es	kommt	sie	kommen

1 Verbs whose stem (infinitive minus ending) ends in -d or -t add -et for the 3rd person singular, e.g. *er, sie, es findet*.

finden (to find)
ich	finde	wir	finden
Sie	finden	Sie	finden
er, sie, es	findet	sie	finden

Note also *öffnen*: *er, sie, es öffnet*.

2 Some verbs change or modify the stem vowel in the 3rd person singular: *a* becomes *ä*, e.g. *fahren, er fährt*
e becomes *ie* or *i*, e.g. *sehen, er sieht*

Mach Mit!

fahren (to drive)		*sehen* (to see)	
ich	fahre	ich	sehe
Sie	fahren	Sie	sehen
er, sie, es	fährt	er, sie, es	sieht
wir	fahren	wir	sehen
Sie	fahren	Sie	sehen
sie	fahren	sie	sehen

3 The verbs *haben* and *sein* are irregular.

haben (to have)		*sein* (to be)	
ich	habe	ich	bin
Sie	haben	Sie	sind
er, sie, es	hat	er, sie, es	ist
wir	haben	wir	sind
Sie	haben	Sie	sind
sie	haben	sie	sind

4 As in English, a verb in the present tense may have a future meaning:
e.g. *Ich kaufe bald einen Wagen*: I am buying a car soon.

Chapter 7
Word-order
In a simple sentence, the verb is the second idea:

```
   1          2      3          4
Die Kinder  essen  heute  Eier und Brötchen.
```

In the above example, the subject comes first, but this is not always the case. Adverbs and adverbial expressions frequently come first in the sentence:

```
  1      2        3            4
Heute  essen  die Kinder  Eier und Brötchen.
```

It is also possible to stress a particular idea by putting it first in the sentence:

```
  1      2        3         4
Eier   essen  die Kinder  gern.
```

Imperative
For commands the 2nd person form of the verb is used, and the order of pronoun and verb is inverted. An exclamation-mark is added:

Gehen Sie nach Hause!

Grammar

One exception: *sein* (to be)
  Sie sind (you are)
  Imperative form: *Seien Sie!*

Numbers

	0 null		
1	eins	6	sechs
2	zwei	7	sieben
3	drei	8	acht
4	vier	9	neun
5	fünf	10	zehn

Chapter 8

1 The dative

Articles:

	Masc.	Fem.	Neut.
	dem	der	dem
	einem	einer	einem
Pronouns:	ihm	ihr	ihm

The dative is used after these prepositions:

mit	(with)	Sie kommt mit dem Bruder.
nach	towards	Sie gehen nach links.
	to (towns and countries)	Wir fahren nach Berlin (nach Deutschland).
	after	Nach dem Tag kommt die Nacht.
von	from	Ich bekomme ein Buch von der Mutter.
	of	Die Frau von heute.
	by	Ein Drama von Shakespeare.
zu	(to)	Er geht zu der Bushaltestelle.
aus	(out of)	Das Auto kommt aus der Garage.
bei	at, by, near	Die Schlacht bei Waterloo. Bei Tag.
	at the house of	Der Lehrer wohnt bei dem Nachbarn.
seit	(since)	Seit wann schläft er? Er schläft seit einer Stunde.

(If the action is still going on, the present tense is used with *seit*.)

Mach Mit!

gegenüber (opposite)   Die Haltestelle ist gegenüber dem Bahnhof.
(*Gegenüber* may go before or after a noun. If used with a pronoun, *gegenüber* follows it: *Er sitzt ihr gegenüber*.)

2 **Contractions frequently met:**
von dem: vom	zu der: zur
zu dem: zum	bei dem: beim

Less frequent:
durch das: durchs	um das: ums
für das: fürs	

3 *Wohin?:* where (to)? (When motion is involved):
Wohin gehen Sie?
cf. *Wo steht das Haus?*

Chapter 9

1 **Numbers**

11 elf	19 neunzehn	27 siebenundzwanzig
12 zwölf	20 zwanzig	28 achtundzwanzig
13 dreizehn	21 einundzwanzig	29 neunundzwanzig
14 vierzehn	22 zweiundzwanzig	30 dreißig
15 fünfzehn	23 dreiundzwanzig	31 einunddreißig
16 sechzehn	24 vierundzwanzig	40 vierzig
17 siebzehn	25 fünfundzwanzig	50 fünfzig
18 achtzehn	26 sechsundzwanzig	

2 **Time**

Es ist zwölf Uhr.	12 Uhr
Es ist Mittag.	,,
Es ist Mitternacht.	,,
Es ist ein Uhr.	1 Uhr
Es ist zehn (Minuten) nach eins.	1.10 Uhr
Es ist Viertel nach zwei.	2.15 Uhr
Es ist Viertel drei.	,, ($\frac{1}{4}$ 3)
Es ist halb vier.	3.30 Uhr ($\frac{1}{2}$ 4)
Es ist zwanzig (Minuten) vor fünf.	4.40 Uhr
Es ist drei Viertel sechs.	5.45 Uhr ($\frac{3}{4}$ 6)
Es ist Viertel vor sechs.	,,

Grammar

The following may be added to give extra clarity:
vormittags (vorm.)	a.m.
morgens	in the early morning
nachmittags (nachm.)	p.m.
abends	in the evening
nachts	at night

The twenty-four hour clock is used for public and official announcements (public transport, wireless and television times, business correspondence, timetables, etc.):

Der Zug nach Berlin fährt um zweiundzwanzig Uhr fünfzehn (22.15 Uhr).

3 **Age**
Wie alt sind Sie? Ich bin 16 Jahre alt.

4 *Welcher?* (which?) and *jeder* (each, every) decline like *dieser:*

	M	F	N	Pl
N.	welcher	welche	welches	welche
A.	welchen	welche	welches	welche
D.	welchem	welcher	welchem	

Chapter 10

1 **Prepositions which take the accusative or the dative:**
in, an, auf, über, unter, neben, zwischen, hinter, vor.

In A (overleaf), the word *auf* (on, on to) indicates a change of position in relation to *Straße*. Hans moves from the pavement *on to* the road. Here the accusative is used after *auf*.

In B, the word *auf* indicates a position in relation to *Straße*, and not a *change* of position. Hans is *on* the road. Here the dative is used after *auf*.

The same principle applies to all nine prepositions in this group: the accusative is used if a change of position in relation to the object is involved; otherwise the dative is used.

Contractions frequently met:
in das: ins	an dem: am
in dem: im	auf das: aufs
an das: ans	

in {into / in} Wolfgang kommt in den Garten.
Er sitzt nicht im Garten.

Mach Mit!

A Hans geht auf die Straße.   B Hans ist auf der Straße.
                                 Hans geht auf der Straße.

an	up to at, next to, on	Er geht an den Zaun. Er steht am Zaun.
auf	on to, up on	Er steigt auf den Baum. Er sitzt auf dem Baum.
über	over	Dann steigt er über den Zaun. Über dem Zaun sitzt die Katze im Baum.
unter	under	Die Katze springt unter den Gartentisch. Unter dem Tisch liegt Prinz, der Hund.
neben	next to	Die Katze läuft neben den Hund. Sie bleibt aber nicht neben ihm.

Grammar

zwischen	between, among	Er bellt. Sie läuft zwischen den Stuhl und den Tisch. Sie bleibt nicht zwischen dem Stuhl und dem Tisch.
hinter	behind	Die Katze läuft hinter den Zaun. Der Hund läuft hinter der Katze her.
vor	in front of	Er läuft vor den Zaun. Er bellt vor dem Zaun. Der Sieger ist Prinz.

Both *an* and *auf* can mean 'on', but *an* usually means 'on the side of', whereas *auf* means 'on top of', e.g.

Die Uhr ist an der Wand.   Der Vogel sitzt auf dem Zaun.

2 (*a*) *worauf?*: on what?; *womit?*: with what?; *wofür?*: what for? etc.

(*b*) When a preposition is used with a third person pronoun which refers to a thing (not a person), a single-word form may be used:

Persons	**Things**
mit ihr	damit
von ihm	davon
für sie	dafür
aus ihm	daraus

In both (*a*) and (*b*) an *r* is inserted where the preposition begins with a vowel.

Chapter 11
du, ihr, Sie
Sie is used when addressing one or more people with whom one is not on familiar terms.
du is used for addressing a close friend, a relative, a child, a pet or other animal. It is also used by a child addressing another child.
ihr is the plural form of *du*.

The *du* form of the verb (2nd pers. sing.) has the ending *-st:*
> du kommst.

The *ihr* form (2nd pers. pl.) has *-t*:
> ihr kommt.

Verbs whose stems end in *-d* or *-t* add *-est, -et*:
> du findest, ihr findet.

Where a verb changes or modifies its vowel in the 3rd pers. sing., it does the same in the 2nd pers. sing.:
> (ich laufe); du läufst; er, sie, es läuft.
> (ich nehme); du nimmst; er, sie, es nimmt.

Note the *du* and *ihr* forms of *haben* and *sein*:
> du hast, ihr habt; du bist, ihr seid.

Imperative forms
2nd pers. sing.: The root of the infinitive is used:
> geh! komm! lauf! mach!

Sometimes the ending *-e* is added, especially after *-d* and *-t*:
> arbeite! finde! öffne!

Verbs which change the stem-vowel *e* to *i* or *ie* show this vowel-change in the imperative:
> du nimmst: nimm! du siehst: sieh!

2nd pers. pl.: The *ihr* form of the present tense is used without the pronoun:
> singt! haltet! seht! macht!

Note the imperative forms of *sein*:
> **2nd sing.:** sei!
> **2nd pl.:** seid!

An exclamation-mark is always added at the end of an order.

Chapter 12
Dative plural
All articles and adjectives end in *-(e)n*:
> *den, keinen, diesen,* etc.

Grammar

So also do nouns: *Büchern, Ausflügen,* etc. *-(e)n* is not added if:
  (*a*) the nominative plural already ends in *-n*:
        die Betten, den Betten
  (*b*) the noun has a plural in *-s*:
        die Autos, den Autos

The dative form of *sie* (they) is *ihnen*.

Order of objects

Some verbs take a direct and an indirect object. In the sentence *The boy gives the teacher a football, a football* is the direct object, and *the teacher* is the indirect object.

The direct object in German is put in the accusative, and the indirect object in the dative:

        Der Junge gibt dem Lehrer einen Fußball.

The order of objects is generally as follows: if there is an accusative personal pronoun, it comes first; if there is not, the dative comes first, whether it is a noun or a pronoun:

        Der Junge gibt ihn dem Lehrer.
        Der Junge gibt ihn ihm.
        Der Junge gibt ihm einen Fußball.
        Sag ihm nichts!

Wer? (who?) declines as follows:
                Accusative *wen?*
                Dative *wem?*
        Wen sehe ich dort?
        Wem gibt der Junge den Fußball?

Chapter 13

1 *sein* (his, its) and *ihr* (her) decline like *(k)ein*:

        Peter holt sein Fahrrad aus der Garage.
        Sigrid steigt auf ihren Motorroller.

With words which indicate family relationships, *der, die* or *das* is often used instead of *mein, dein, sein,* etc.:

        Wolfgang läuft in die Küche.
        Die (seine) Mutter ist da.
        Sigrid fährt mit dem (ihrem) Bruder in die Stadt.

2 **The genitive**
  M. des (dieses, jedes) Wagens   eines (keines, seines, ihres)
                                           Wagens

Mach Mit!

F. der (dieser, jeder) Karte   einer (keiner, seiner, ihrer) Karte
N. des (dieses, jedes) Mädchens   eines (keines, seines, ihres) Mädchens

    das Buch des Lehrers   the teacher's book
    das Fenster ihres Wohnzimmers   the window of her sitting-room
    das Haus seiner Mutter   his mother's house

Masculine and neuter nouns add *-es* instead of *-s* if the nominative ends in a sibilant (*s, sch, z, ß*, etc.):

    des Hauses, des Platzes

Similarly with most masculine and neuter monosyllables:

    des Mannes, des Buches, des Tages.

Proper names add *-s* if there is no article before them:

    Das ist Sigrids Buch.

    Peter ist Wolfgangs Freund.

The genitive form of *wer?* is *wessen?* (whose?)

Chapter 14
Pronouns

    N. ich   du   wir   ihr   Sie
    A. *mich dich uns euch* Sie
    D. *mir dir uns euch Ihnen*

mein (my) and *dein* (your) decline like (*k*)*ein, sein, ihr*.
Ich lese mein Buch, und du liest deine Zeitung.

Chapter 15
Genitive plural

der (dieser, welcher, keiner, meiner, etc.) Hände, Augen, Füße, etc.

    die Straßen der Städte   the streets of the towns
    die Wände dieser Zimmer   the walls of these rooms
    die Häuser seiner Freunde   his friends' houses

man

    Wie kommt man zum Bahnhof?   How do you (does one) get to the station?
    In Deutschland trinkt man viel Kaffee.   Much coffee is drunk in Germany.
    Warum öffnet man nicht?   Why don't they open (the door)?

Grammar

Man kommt nicht ohne seine Bücher in die Schule.	You don't come to school without your books.

The infinitive used as a noun

An infinitive verb which is used as a noun is always neuter, and begins with a capital letter:

> Das Singen der Vögel.
> Das Kommen und Gehen auf den Straßen.

Chapter 16

Possessive adjectives: *unser, euer, Ihr, ihr.*
These decline like (*k*)*ein, mein, dein,* etc.

Wir nehmen unsere Kinder mit.	We are taking our children with us.
Nehmt ihr eure Kinder mit?	Are you taking your children with you? (familiar pl. form)
Zeigen Sie mir Ihre Karte, bitte!	Show me your ticket, please. (polite form)
Die Jungen kommen mit ihren Freunden.	The boys come with their friends.

unser and *euer* may drop an *e* in the following forms:

> *euere (eure), eueres (eures), euerer (eurer), eueren (euern), euerem (euerm).*
> *unsere (unsre), unseres (unsres), unserer (unsrer), unseren (unsern), unserem (unserm).*

Adverbs

The adverb has the same form as the predicative adjective (the adjective which is not before the noun to which it refers):

> Dieser Wagen ist *gut*.
> Herr Schmidt fährt *gut*.

Chapter 17

jen/er, -e, -es (that); **solch/er, -e, -es** (such)

jener most frequently appears together with, and contrasted to, its opposite, *dieser*.

An diesem Ufer des Flusses sind viele Bäume, aber an jenem sehe ich keine.

Both *solcher* and *jener* decline like *der, dieser,* etc.

Mach Mit!

Adjective endings after *der, dieser, jener, jeder, solcher* and *welcher:*

Singular

Masculine	Feminine	Neuter
N. der stark*e* Mann	die schön*e* Frau	das klein*e* Kind
A. den stark*en* Mann	die schön*e* Frau	das klein*e* Kind
G. des stark*en* Mannes	der schön*en* Frau	des klein*en* Kindes
D. dem stark*en* Mann	der schön*en* Frau	dem klein*en* Kind

Plural (all genders)

N. die gut*en* Freunde
A. die gut*en* Freunde
G. der gut*en* Freunde
D. den gut*en* Freunden

Adjectives such as *dunkel*, which have an unstressed *e* in the final syllable, usually drop this *e* when an adjective-ending is added:
e.g. Der Wald ist dunkel. Das ist ein dunkler Wald.

Chapter 18

Adjective endings after *ein, kein, mein, dein, sein, ihr, sein, unser, euer, Ihr, ihr*:

Singular

Masculine	Feminine
N. kein groß*er* Mann	keine groß*e* Frau
A. keinen groß*en* Mann	keine groß*e* Frau
G. keines groß*en* Mannes	keiner groß*en* Frau
D. keinem groß*en* Mann	keiner groß*en* Frau

Neuter

N. kein groß*es* Kind
A. kein groß*es* Kind
G. keines groß*en* Kindes
D. keinem groß*en* Kind

Plural (all genders)

N. keine groß*en* Männer
A. keine groß*en* Männer
G. keiner groß*en* Männer
D. keinen groß*en* Männern

N.B. There is no plural form of *ein*.

Numbers

60 sechzig	225 zweihundertfünfundzwanzig
70 siebzig	1 000 tausend
80 achtzig	1 001 tausendeins

Grammar

90	neunzig	1 100 tausendeinhundert
100	hundert	1 250 tausendzweihundertfünfzig
101	hunderteins	2 000 zweitausend
102	hundertzwei	1 000 000 eine Million
110	hundertzehn	

Units of money
100 Pfennig = 1 Deutsche Mark
(100 Pf. = DM 1)

Chapter 19

The infinitive

In a simple sentence the second verb goes to the end in the infinitive, and is preceded by *zu*.

Es ist schön, in der Sonne zu liegen.
Es ist nicht schwer, Englisch zu sprechen.

Modal verbs

können (to be able, can)	*wollen* (to want)	*müssen* (to have to, must)
ich kann	ich will	ich muß
du kannst	du willst	du mußt
er, sie, es kann	er, sie, es will	er, sie, es muß
wir können	wir wollen	wir müssen
ihr könnt	ihr wollt	ihr müßt
Sie können	Sie wollen	Sie müssen
sie können	sie wollen	sie müssen

sollen (to be to, be supposed to)	*mögen* (to like)	*dürfen* (to be allowed, may)
ich soll	ich mag	ich darf
du sollst	du magst	du darfst
er, sie, es soll	er, sie, es mag	er, sie, es darf
wir sollen	wir mögen	wir dürfen
ihr sollt	ihr mögt	ihr dürft
Sie sollen	Sie mögen	Sie dürfen
sie sollen	sie mögen	sie dürfen

'Rolf, du sollst jetzt ins Bett gehen!' 'Ach Mutti, ich will nicht ins Bett gehen. Darf ich noch ein paar Minuten hier bleiben? Dann kann ich diese Geschichte noch zu Ende lesen. Ich mag sie so sehr. Ich muß sie jetzt lesen, denn morgen will ich Karl das Buch geben.'

An infinitive which depends on a modal verb is not preceded by *zu*.

Mach Mit!

Chapter 20
Die Tage der Woche:

Montag, Dienstag, Mittwoch, Donnerstag, Freitag, Sonnabend, Sonntag.

In Southern Germany and the Rhineland *Samstag* is used instead of *Sonnabend*.

    Die Woche beginnt am Montag und endet am Sonntag.

Die Monate (months):

Januar, Februar, März, April, Mai, Juni, Juli, August, September, Oktober, November, Dezember.

    Im Juli ist es sehr warm, aber nicht im Dezember.

Ordinal numbers:

These are adjectives and take the normal adjective-endings:

    der (die, das) erste, zweite, dritte, vierte, fünfte, sechste, siebente *or* siebte, achte, neunte, zehnte, etc.

From 20 onwards -*ste* is added to the cardinal number:

    der (die, das) zwanzigste, einundzwanzigste, zweiundzwanzigste, dreißigste, etc.

But: der (die, das) hundertzweite, hundertelfte, etc.

    der hundertzwanzigste, etc.

Abbreviated forms: der 1. (1st)
                    der 2. (2nd)
                    der 3. (3rd), etc.

Das Datum (date):

    Wir kommen am Montag, dem 24. Juli in die Schule.
    Wir kommen Montag, den 24. Juli in die Schule.
    Der wievielte ist heute? Heute ist der 10. Mai 1970.
    Den wievielten haben wir heute? Heute haben wir den 10. Mai 1970.
    Am wievielten beginnen die Ferien? Am 25. Juli.

Abbreviated forms: 17. X. 1969 = der 17. Oktober 1969
                         2. 7. 1971 = der 2. Juli 1971

Chapter 21
Separable verbs

1 These have a prefix which goes to the end of the main clause. The following separable verbs have already appeared in this book:

From *stehen* — *auf*stehen   to get up
                    Ich stehe sehr früh auf.

Grammar

From *gehen* — *auf*gehen   to rise
                 *aus*gehen   to go out
                 Die Sonne geht um 7 Uhr auf.
                 Gehen wir zusammen aus?

From *fahren* — *los*fahren   to set off (by vehicle)
                 Wann fahren wir los?

From *steigen* — *aus*steigen   to get out, climb out
                 *ein*steigen   to get in, climb in
                 Hier ist mein Auto. Steigen Sie ein!
                 Am Bahnhof steigen wir wieder aus.

From *nehmen* — *mit*nehmen   to take (with one)
                 Wir nehmen Ihren Hund nicht mit.

In the vocabularies, the prefixes of separable verbs are shown in italic type.

2 If a separable verb is the second verb, it goes to the end and is written as one word:
                 Ich will Ihren Hund nicht mitnehmen.

When a separable verb is written as one word, as in the above example, the prefix is always stressed in speech.

GRAMMAR REFERENCE

ADJECTIVES
Possessive
mein (my), *dein* (your), *sein* (his), *ihr* (her)
sein (its), *unser* (our), *euer* (your), *Ihr* (your), ihr (their).
See pp. 143, 144, 145

ADJECTIVE ENDINGS
After *der, dieser, jener, jeder, welcher, solcher* the adjective has the following endings:

Singular

	Masculine	Feminine
N.	dieser groß*e* Mann	diese groß*e* Frau
A.	diesen groß*en* Mann	diese groß*e* Frau
G.	dieses groß*en* Mannes	dieser groß*en* Frau
D.	diesem groß*en* Mann	dieser groß*en* Frau

Neuter
- N. dieses groß*e* Kind
- A. dieses groß*e* Kind
- G. dieses groß*en* Kindes
- D. diesem groß*en* Kind

Plural (all genders)
- N. diese groß*en* Männer
- A. diese groß*en* Männer
- G. dieser groß*en* Männer
- D. diesen groß*en* Männern

After *ein, kein, mein, dein, sein, ihr, sein, unser, euer, Ihr, ihr* the adjective has the following endings:

Singular

	Masculine	Feminine
N.	kein groß*er* Mann	keine groß*e* Frau
A.	keinen groß*en* Mann	keine groß*e* Frau
G.	keines groß*en* Mannes	keiner groß*en* Frau
D.	keinem groß*en* Mann	keiner groß*en* Frau

Neuter
- N. kein groß*es* Kind
- A. kein groß*es* Kind
- G. keines groß*en* Kindes
- D. keinem groß*en* Kind

Grammar reference

Plural (all genders)
N. keine   großen Männer
A. keine   großen Männer
G. keiner großen Männer
D. keinen großen Männern

ARTICLES

	Definite				**Indefinite**		
M	**F**	**N**	**Plural (all genders)**	**M**	**F**	**N**
N. der	die	das	N. die	N. ein	eine	ein
A. den	die	das	A. die	A. einen	eine	ein
G. des	der	des	G. der	G. eines	einer	eines
D. dem	der	dem	D. den	D. einem	einer	einem

(No plural form)

CASES

Nominative

This is used for:
(a) the subject of a verb,
   e.g. *Der Mann* kommt ins Haus.
(b) what appears to be the object of the verb *sein* (the complement),
   e.g. Er ist *der Lehrer*.

Accusative

This is used:
(a) for the direct object,
   e.g. Ich sehe *den Mann*.
(b) after *durch, für, gegen, ohne, um* and before *entlang*,
   e.g. Er kommt um *den Tisch*.
(c) after *in, an, auf, über, unter, neben, zwischen, hinter, vor* if motion in relation to the object is involved,
   e.g. Er fährt auf *das Land*.

Genitive

This is used to indicate possession,
   e.g. Die Nase *des Mannes* ist groß.

Dative

This is used:
(a) for the indirect object,
   e.g. Ich gebe *dem Mann* das Geld.
(b) after *mit, nach, von, zu, aus, bei, seit, gegenüber*,
   e.g. Der Mann geht mit *dem Geld* aus *dem Haus*.

Mach Mit!

(c) after *in, an, auf, über, unter, neben, zwischen, hinter, vor,* if no motion in relation to the object is involved,
e.g. Er sitzt *im Bus.*

NOUNS
Plurals
Some rules for the formation of plurals:

Weak masculine nouns add *-n* or *-en*, e.g. *der Junge(-n), der Herr(-en).*

Masculine and neuter nouns which end in *-el, -en,* or *-er* do not normally change, though some add umlaut,
e.g. *der Wagen* (-), *der Garten* (¨), *der Lehrer* (-), *das Mädchen* (-), *das Viertel* (-).

Feminine nouns of more than one syllable mostly add *-(e)n,*
e.g. *die Lampe (-n), die Antwort (-en).*

Monosyllabic feminine nouns which can add umlaut mostly have a plural in *¨e,*
e.g. *Stadt (¨e), Maus (¨e), Wurst (¨e)* (but not *Frau (-en)*).

Feminine nouns ending in *-in* add *-nen,*
e.g. *Freundin (-nen).*

Neuter nouns which are felt to be foreign add *-s,*
e.g. *das Auto (-s), das Kino (-s), das Restaurant (-s).*

Neuter nouns ending in *-chen* or *-lein* do not change in the plural,
e.g. *das Kätzchen* (-).

The plural forms of nouns which do not fall into any of the above categories are best learnt as part of the process of learning new vocabularies, hence the plural forms of nouns are always given in the vocabularies in this book.

PREPOSITIONS
which govern the accusative . . . . see p. 134
which govern the dative . . . . see p. 137
which govern the accusative or dative . . . . see p. 139

PRONOUNS
Interrogative

N.	wer	was
A.	wen	was
G.	wessen	—
D.	wem	womit, worauf, etc.

Grammar reference

Personal

N.	ich	du	er	sie es	wir	ihr	Sie	sie
A.	mich	dich	ihn	sie es	uns	euch	Sie	sie
D.	mir	dir	ihm	ihr ihm	uns	euch	Ihnen	ihnen

VERBS

Present tense

ich	komme
du	kommst
er, sie, es	kommt
wir	kommen
ihr	kommt
Sie	kommen
sie	kommen

Verbs which have a stem ending in -*d* or -*t* follow this pattern:

ich	arbeite
du	arbeitest
er, sie, es	arbeitet
wir	arbeiten
ihr	arbeitet
Sie	arbeiten
sie	arbeiten

Some verbs have a vowel change from *e* to *i* or *ie*, others from *a* to *ä* in the second and third person singular:

ich	nehme	ich	fahre
du	nimmst	du	fährst
er, sie, es	nimmt	er, sie, es	fährt
wir	nehmen	wir	fahren
etc.		etc.	

Present tense of *haben* and *sein*:

ich	habe	ich	bin
du	hast	du	bist
er, sie, es	hat	er, sie, es	ist
wir	haben	wir	sind
ihr	habt	ihr	seid
Sie	haben	Sie	sind
sie	haben	sie	sind

Mach Mit!

Imperative

Familiar forms:

2nd person sing. The root of the infinitive is used,
   e.g. *geh! komm! lauf! mach!*

Sometimes the ending *-e* is added, especially after *-d* or *-t*.
   e.g. *arbeite! finde!* Note also *öffne!*

Verbs which change the stem-vowel from *e* to *i* or *ie* have this change in the imperative form,
   e.g. *du nimmst: nimm! du siehst: sieh!*

2nd person plural. The *ihr* form of the present tense is used without the pronoun,
   e.g. *singt! haltet! seht! macht!*

Polite form (singular and plural):

The *Sie* form of the present tense is used, the order of pronoun and verb being inverted,
   e.g. *halten Sie! gehen Sie! fahren Sie!*

Imperative forms of *haben* and *sein*:

habe!	sei!
habt!	seid!
haben Sie!	seien Sie!

Infinitive

Position.	see p. 147
Used as a noun	see p. 145
Modal verbs	see p. 147
Separable verbs	see p. 148

WORD-ORDER

In a main clause the verb is the second idea	see p. 136
The infinitive goes to the end	see p. 147
Order of objects	see p. 143

WORD LISTS

Chapter 1

das **Wohnzimmer,** sitting-room
    ist, is
    groß, large, big
der **Mann,** man
    Herr, Mr.
    und, and
die **Frau,** woman
    Frau, Mrs.
der **Vater,** father
die **Mutter,** mother
das **Mädchen,** girl
die **Tochter,** daughter
das **Sofa,** sofa
    weich, soft
    sitzt, is sitting, sits
    da, there
der **Stuhl,** chair
    hart, hard
    nicht, not
    nein, no
    steht, is standing, stands
    was, what
    das, that
die **Wand,** wall
die **Uhr,** clock
    klein, small
    ja, yes
das **Fenster,** window
    offen, open
die **Tür,** door
    zu, shut
der **Tisch,** table
der **Fernsehapparat,** television-set
    auch, also, too

Chapter 2

das **Haus,** house
    schön, beautiful; nice
    hier, here
der **Garten,** garden
das **Wetter,** weather
    warm, warm
    denn, for
die **Sonne,** sun
    scheint, is shining, shines
der **Baum,** tree
    macht, is doing, does
der **Vogel,** bird
    singt, is singing, sings
der **Hund,** dog
    liegt, is lying, lies
    so, so
    faul, lazy
    kommt, comes
das **Kätzchen,** kitten
    wie, how?; what . . . like?
die **Katze,** cat
    schwarz, black
    langsam, slow(ly)
    klug, clever
    fliegt, flies
    schnell, quick(ly)
    weg, away
    steht auf, gets up
    bellt, barks
    springt, jumps
    dumm, stupid, silly
    miaut, miaows
    hebt auf, picks up

Mach Mit!

Chapter 3

die **Straße,** street
links, on the left
die **Haltestelle,** stop (bus or tram)
der **Junge,** boy
wartet, is waiting, waits
der **Bus,** bus
aber, but
der **Laden,** shop
das **Radiogeschäft,** radio-shop
findet, finds
interessant, interesting
das **Fußballspiel,** game of football
ach, oh

schon, already
noch, still
wer, who
rechts, on the right
bald, soon
das **Modegeschäft,** fashion-shop
natürlich, naturally, of course
das **Kleid,** dress
wunderschön, very beautiful, lovely
der **Wagen,** car
steigt ein, gets in
geht, goes

Chapter 4

hat, has
der **Motorroller,** motor-scooter
der **Bruder,** brother
zu, too
jung, young
für, for
das **Fahrrad,** bicycle
besucht, is visiting, visits
heute, today
die **Freundin,** girl-friend
holt, fetches
zuerst, first of all
putzt, cleans
dann, then
wohnt, lives
um, round

die **Ecke,** corner
die **Schwester,** sister
steigt auf, gets on
fährt, drives, goes (by vehicle)
durch, through
saust, dashes, rushes
entlang, along
gegen, against
die **Straßenlampe,** street-lamp
der **Gartenzaun,** garden fence
die **Luft,** air
wo, where
ohne, without
sieht, sees
schaut, is looking, looks

Chapter 5

der **Sommer** (-), summer
viel (-e), much, (many)
grün, green
sehr, very (much)
heiß, hot
das **Kind** (-er), child

alle, all
müde, tired
kühl, cool
oder, or
dort, there
die **Stadt** (¨e), town

Word Lists

das **Geschäft (-e)**, shop; business
das **Warenhaus (⸚er)**, department-store
suchen, are looking for, look for

Chapter 6

fahren (fährt), to ride, drive
sehen (sieht), to see
der **Nachbar (-n)**, neighbour
halten (hält), to stop
öffnen, to open
der **Tag (-e)**, day
oft, often
lange, for a long time
voll, full
wirklich, really
warum, why
kaufen, to buy
fragen, to ask
antworten, to answer
brauchen, to need
das **Auto (-s)**, car

Chapter 7

in, in, into
die **Schule (-n)**, school
das **Frühstück (-e)**, breakfast
fertig, ready; finished
schlafen (schläft), to sleep
vielleicht, perhaps
die **Frage (-n)**, question
rufen, to call
die **Antwort (-en)**, answer
klopfen, to knock
essen (ißt), to eat
gleich, straight away, at once
der **Faulpelz (-e)**, lazybones
das **Ei (-er)**, egg
das **Brötchen (-)**, roll
nehmen (nimmt), to take

so, like that, so
sagt, says
spät, late
brennen, are burning, burn

teuer, dear
reich, rich
also, so, and so
nur, only
beide, both
die **Garage (-n)**, garage
das **Autohaus (⸚er)**, car salesroom
wieder, again
neu, new
gut, good, well
der **Platz (⸚e)**, room, place
die **Farbe (-n)**, colour
denn, then (*not* of time)
wahr, true

bitte, please
das **Buch (⸚er)**, book
schlagen (schlägt), to strike
beginnen, to begin
die **Mathematik ( )**, mathematics
die **Stunde (-n)**, lesson; hour
der **Lehrer (-)**, teacher
die **Minute (-n)**, minute
bekommen, to get, receive
die **Übungsaufgabe (-n)**, (extra) exercise
die **Aufgabe (-n)**, exercise, task
die **Seite (-n)**, page; side
der **Schüler (-)**, schoolboy, pupil

Mach Mit!

Chapter 8

der **Ausflug** (¨e), excursion, trip
der **Bahnhof** (¨e), station
der **Zug** (¨e), train
die **Straßenbahn** (-en), tram
das **Dorf** (¨er), village
  weit, far, distant
  dies/er, -e, -es, this; that
das **Denkmal** (¨er), monument
  lesen (liest), to read
der **Wald** (¨er), wood
  dicht, dense
  dunkel, dark
  wie, as, how, like
die **Nacht** (¨e), night
der **Sieger** (-), victor, winner

die **Schlacht** (-en), battle
der **Römer** (-), Roman
die **Aussicht** (-en), view
die **Birne** (-n), pear
  laufen (läuft), to run
  reißen, to tear
das **Stück** (-e), piece
die **Hose** (-n), trousers
  stürzen, to crash, plunge
der **Hosenboden** (¨), trouser-seat
das **Abenteuer** (-), adventure
  genug, enough
die **Fahrt** (-en), journey
  wann?, when?

Chapter 9

(das) **Deutschland,** Germany
  nett, nice
(das) **England,** England
  leiden, to suffer
  manchmal, sometimes
die **Hausaufgabe** (-n), homework
  immer, always
der **Unterricht** ( ), instruction, classes
  enden, to end, finish
  besser, better
der **Morgen** (-), early morning
der **Vormittag** (-e), morning
  früh, early
  jed/er, -e, -es, each, every
der **Nachmittag** (-e), afternoon
  frei, free
  bis, until

die **Zeit** (-en), time
die **Pause** (-n), break, interval
  lang, long
  welch/er, -e, -es?, which?
das **Mittagessen** (-), lunch
  nachmittags, in the afternoon(s)
  spielen, to play
  gewöhnlich, usually
das **Bett** (-en), bed
das **Jahr** (-e), year
  alt, old
  denken, to think
die **Arbeit** (-en), work
  ein bißchen, a bit
  vormittags, in the morning(s)
das **System** (-e), system

Chapter 10

das **Eßzimmer** (-), dining-room
das **Essen** (-), food, meal

  bringen, bring
die **Küche** (-n), kitchen

Word Lists

stellen, to put (in standing position)
die **Schüssel** (-n), bowl, dish
das **Würstchen** (-), sausage
der **Kartoffelsalat** ( ), potato salad
das **Kompott** ( ), stewed fruit
oben, upstairs; at the top
das **Schlafzimmer** (-), bedroom
unten, downstairs; at the bottom

der **Freund** (-e), friend
der **Fußball** (¨e), football
die **Familie** (-n), family
werfen (wirft), to throw
der **Fußboden** (¨), floor
bleiben, to stay, to remain
fressen (frißt), to eat (of animals)
der **Teller** (-), plate
schmecken, to taste

Chapter 11

das **Schild** (-er), sign-post; name-plate
der **Campingplatz** (¨e), camping-ground
die **Karte** (-n), map, ticket, card
geradeaus, straight on
bis zu, as far as
die **Kreuzung** (-en), cross-roads
die **Viertelstunde** (-n), quarter of an hour
der **Dummkopf** (¨e), fathead
nun, now
das **Zelt** (-e), tent
der **Waldrand** (¨er), edge of wood
der **Rand** (¨er), edge

das **Anmeldebüro** (-s), reception-office
das **Büro** (-s), office
selbst, oneself, yourself, etc.
tragen (trägt), to carry
drüben, over there
nichts, nothing
die **Decke** (-n), blanket
bauen, to build
der **Windstoß** (¨e), gust of wind
der **Wind** (-e), wind
der **Boden** (¨), ground; bottom; floor
lachen, to laugh
regnen, to rain
alles, everything, all
das **Hotel** (-s), hotel

Chapter 12

der **Geburtstag** (-e), birthday
die **Eltern** (pl.), parents
das **Geschenk** (-e), present
schenken, to give (as a present)
die **Geschichte** (-n), story
der **Bücherschrank** (¨e), bookcase

der **Teil** (-e), part
erwärmen, to heat, warm
etwas, some; something
der **Leim** (-e), glue
gießen, to pour
der **Honig** ( ),* honey

* With words such as *Butter, Honig, Zucker, Kaffee* it is possible to make a plural form by adding *sorten* (sorts), e.g. *Zuckersorten:* sorts of sugar.

159

Mach Mit!

das **Glas** (¨er), glass; jar
riechen (nach), to smell (of)
stark, strong(ly)
leimen, to glue
zusammen, together
versprechen (**verspricht**), to promise
der **Kuchen** (-), cake
die **Geburtstagsfeier** (-n), birthday-party
der **Kochtopf** (¨e), saucepan
leeren, to empty

die **Butter** ( ),* butter
der **Zucker** ( ),* sugar
der **Küchenherd** (-e), cooker
das **Mehl** ( ),* flour
der **Backofen** (¨), oven
ganz, quite, completely
die **Hand** (¨e), hand
der **Kaffee** ( ),* coffee
zeigen, to show
fallen (**fällt**), to fall
auseinander, apart
gar nicht, not at all

Chapter 13

zeichnen, to draw
das **Zimmer** (-), room
die **Seite** (-n), side; page
das **Blatt** (¨er), sheet of paper, leaf
die **Zeitung** (-en), newspaper
das **Haar** (-e), hair
das **Bein** (-e), leg
der **Fuß** (¨e), foot
der **Körper** (-), body
die **Hälfte** (-n), half
zuerst, first of all
der **Kopf** (¨e), head
das **Ohr** (-en), ear
das **Auge** (-n), eye
die **Nase** (-n), nose
der **Mund** (¨er), mouth

der **Arm** (-e), arm
das **Bild** (-er), picture
die **Reihe** (-n), row, rank
der **Bildschirm** (-e), screen
die **Tanzstunde** (-n), dancing-lesson
üben, to practise
der **Schritt** (-e), pace, step
der **Walzer** (-), waltz
die **Schulter** (-n), shoulder
die **Taille** (-n), waist
der **Zuschauer** (-), spectator, viewer
zuletzt, last of all
das **Meisterstück** (-e), masterpiece
schlecht, bad

Chapter 14

die **Nachbarin** (-nen), neighbour
der **Mann** (¨er), man; husband
lassen (**läßt**), to leave, let
allein, alone
bestimmt, definitely
gerade, just
daß, that (conj.)

also, so, therefore
bis, by; until
kurz, short(ly)
führen, to lead, guide
fleißig, industrious
die **Geographie** ( ), geography
der **Weg** (-e), way; path

Word Lists

der **Rattenfänger** (-), rat-catcher; Pied Piper
verschwinden, to disappear

Chapter 15

merken, to notice, realize
der **Regentropfen** (-), raindrop
die **Wolke** (-n), cloud
der **Himmel** ( ), sky, heavens
donnern, to thunder
blitzen, to lighten, flash
hören, to hear
krachen, to crash, bang
der **Donner** ( ), thunder
das **Dach** (¨er), roof
trommeln, to drum
der **Blitz** (-e), (flash of) lightning
erreichen, to reach
die **Kleider** (pl.), clothes
naß, wet
das **Ufer** (-), bank

Chapter 16

arbeiten, to work
sprechen (spricht), to speak
schreiben, to write
trinken, to drink
die **Tasse** (-n), cup
die **Frau** (-en), wife; woman
gesund, healthy
morgen, tomorrow
fast, almost
leicht, easy; light
schwer, difficult; heavy
legen, to lay, put
der **Bleistift** (-e), pencil

Chapter 17

die **Ferien** (pl.), holidays
ganz, whole, complete

der **Berg** (-e), hill, mountain
das **Ende** (-n), end

die **Weser,** the Weser (river)
das **Gewitter** (-), thunderstorm
vorbei, past
brechen (bricht), to break
der **Regen** ( ), rain
mehr, more
leuchten, to gleam, emit light
fern, far, distant
parken, to park
hoch, high
der **Fluß** (¨e), river
der **Gipfel** (-), top (of mountain)
die **Blume** (-n), flower
die **Wiese** (-n), meadow
dampfen, to steam

der **Füller** (-), fountain-pen
schließen, to shut
das **Heft** (-e), exercise-book
der **See** (-n), lake
die **Gesundheit** ( ), health
vergessen (vergißt), to forget
das **Restaurant** (-s), restaurant
das **Segelboot** (-e), sailing-boat
das **Boot** (-e), boat
segeln, to sail
der **Augenblick** (-e), moment
das **Wasser** ( ), water
schwimmen, to swim

das **Mal** (-e), time
das **Bauernhaus** (¨er), farmhouse

die **Großeltern** (pl.), grandparents
der **Verkehr** ( ), traffic
nächst, next; nearest
richtig, right, correct
der **Schalter** (-), ticket-office
die **Fahrkarte** (-n), ticket
der **Fahrplan** (¨e), time-table
der **Bahnsteig** (-e), platform
jen/er, -e, -es, that
der **Gepäckträger** (-), porter
der **Koffer** (-), suitcase
ander-, other
das **Gepäck** (-e), luggage
belebt, busy, crowded

Chapter 18

eigen, own (adj.)
das **Huhn** (¨er), hen
der **Winter** (-), winter
der **Durchschnitt** (-e), average
die **Woche** (-n), week
der **Opa** (-s), grandpa, granddad
erinnern an+acc., to remind of
langweilig, boring
kosten, to cost
die **Deutsche Mark** (-), mark (currency)
verdienen, to earn
die **Oma** (-s), granny, grandma
die **Menge** (-n), crowd, mass
das **Geld** (-er), money

Chapter 19

die **Geige** (-n), violin
ein paar, a few
einkaufen, to do the shopping
die **Ruhe** ( ), peace, quiet
sofort, immediately
das **Schulkonzert** (-e), school concert

solch/er, -e, -es, such
leben, to live
der **Bauer** (-n), (weak masc.), farmer
das **Gebäude** (-), building
das **Tier** (-e), animal
artig, well-behaved, good
das **Leben** (-), life
der **Bauernhof** (¨e), farm
der **Großvater** (¨), grandfather
die **Großmutter** (¨), grandmother
anders, differently, otherwise
einzeln, single, individual

die **Kuh** (¨e), cow
das or der **Liter** (-), litre
die **Milch** ( ), milk
genau, exact
der **Spaziergang** (¨e), walk
das **Luftgewehr** (-e), air-gun
die **Ente** (-n), duck
die **Wildente** (-n), wild duck
der **Bogen** (¨), curve, arc
schießen, to shoot
hungrig, hungry
halb, half (adj.)
verstehen, to understand
hinken, to limp
der **Schwanz** (¨e), tail

das **Konzert** (-e), concert
leider, unfortunately
die **Melodie** (-n), melody, tune
geigen, to play the violin
die **Musik** ( ), music
lieb, dear, beloved
nie, never

Word Lists

recht, right, proper
das **Lied (-er)**, song
  singen, to sing
  wenn, if
  unterbrechen (unterbricht), to interrupt

Chapter 20

  helfen (hilft), + dat., to help
die **Sekretärin (-nen)**, secretary
  krank, ill
der **Brief (-e)**, letter
  unbedingt, without fail, absolutely
  beantworten, to answer
der **Moment (-e)**, moment
  unmöglich, impossible
der **Zahnarzt (¨e)**, dentist
  verschieben, to put off
  einfach, simple
  wichtig, important

Chapter 21

das **Theater (-)**, theatre
  begeistert, full of enthusiasm, enthusiastic
die **Lieblingsschauspielerin (-nen)**, favourite actress
  *mit*spielen, to take part
  *an*fangen (fängt an), to begin
  pünktlich, punctually, on time
  *an*kommen, to arrive
  sonst, otherwise
  *auf*setzen, to put on (hat)
der **Hut (¨e)**, hat
  *ab*nehmen, to take off (hat)
die **Krawatte (-n)**, tie
  *aus*sehen, to look, appear
  *an*ziehen, to put on (clothes)
  *an*sehen, to look at

das **Programm (-e)**, programme
die **Unterhaltungsmusik ( )**, light music
  glauben, to believe, think
  versäumen, to miss

  geschäftlich, business (adj.)
die **Besprechung (-en)**, conference, talk
  ausgezeichnet, excellent
die **Schreibmaschine (-n)**, typewriter
der **Dank ( )**, thanks
  freundlich, kind, friendly
  empfangen (empfängt), to receive
  folgend, following
  hoffen, to hope
der **Gruß (¨e)**, wish, greeting

die **Schachtel (-n)**, box, packet
die **Praline (-n)**, chocolate
  *auf*machen, to open
  *zu*machen, to close
  endlich, at last
das **Licht (-er)**, light
der **Vorhang (¨e)**, curtain
  *ein*atmen, to breathe in
  tief, deep
  erscheinen, to appear
der **Herr (-en)**, (wk. masc.), gentleman
die **Bühne (-n)**, stage
die **Dame (-n)**, lady
die **Erkältung (-en)**, cold
die **Rolle (-n)**, rôle, part
  *zu*hören (+dat.), to listen
  entsetzt, horrified

VOCABULARY

The plurals of nouns are given in brackets; (-) indicates that the plural form is the same as the singular. Where no plural form is shown, the noun has no plural.

Separable verbs are shown with their prefixes in italic type.

Verbs which undergo a vowel change or modification in the present tense are given with the 3rd person sing. form in brackets.

ABBREVIATIONS

| acc. | accusative | dat. | dative | pron. | pronoun |
| adj. | adjective | gen. | genitive | wk. masc. | weak masculine |

der	**Abend (-e)**	evening
	abends	in the evening
das	**Abenteuer (-)**	adventure
die	**Abenteuergeschichte (-n)**	adventure story
	aber	but
	*ab***nehmen (nimmt ab)**	to take off (hat)
	ach	oh
	alle	all
	allein	only; alone
	alles	all, everything
	als	than (comparative)
	also	so; and so
	alt	old
	an (+ acc. or dat.)	at; up to; on
	an ... vorbei	past
	ander-	other
	anders	differently, otherwise
der	**Anfang (¨e)**	beginning
	*an***fangen (fängt an)**	to begin
	*an***kommen**	to arrive
das	**Anmeldebüro (-s)**	reception office
	*an***sehen (sieht an)**	to look at
die	**Antwort (-en)**	answer
	antworten	to answer
	*an***ziehen**	to put on (clothes)

Vocabulary

der **April**	April
die **Arbeit (-en)**	work
arbeiten	to work
der **Arm (-e)**	arm
artig	well-behaved, good
auch	also, too
auf (+ acc. or dat.)	on; up
auf	open
*auf***bauen**	to put up, build (tent)
*auf***essen (ißt auf)**	to eat up
die **Aufgabe (-n)**	exercise; task
*auf***gehen**	to go up, rise
*auf***heben**	to pick up
*auf***machen**	to open
*auf***richten**	to set upright
*auf***setzen**	to put on (hat)
*auf***stehen**	to get up, stand up
*auf***steigen**	to get on
das **Auge (-n)**	eye
der **Augenblick (-e)**	moment
der **August**	August
aus (+ dat.)	out of; from
*aus***atmen**	to breathe out
auseinander	apart
der **Ausflug (¨e)**	excursion, trip
*aus***gehen**	to go out
ausgezeichnet	splendid, excellent
*aus***sehen (sieht aus)**	to look, appear
die **Aussicht (-en)**	view
*aus***steigen**	to get out
das **Auto (-s)**	car
die **Autobahn (-en)**	motorway
das **Autohaus (¨er)**	car sales-room
der **Backofen (¨)**	oven, stove
der **Bahnhof (¨e)**	station
der **Bahnsteig (-e)**	platform
bald	soon
bauen	to build
der **Bauer (-n)** (wk. masc.)	farmer

Mach Mit!

das **Bauernhaus** (¨er)	farmhouse
der **Bauernhof** (¨e)	farm
der **Baum** (¨e)	tree
beantworten	to answer (transitive)
begeistert	full of enthusiasm, enthusiastic
beginnen	to begin
bei (+ dat.)	near; at; on the occasion of; at the house of
beide	both
das **Bein** (-e)	leg
bekommen	to get
belebt	busy, crowded
bellen	to bark
der **Berg** (-e)	mountain, hill
die **Besprechung** (-en)	conference, talk
besser	better
bestimmt	definitely
besuchen	to visit
das **Bett** (-en)	bed
das **Bild** (-er)	picture
der **Bildschirm** (-e)	screen (television)
die **Birne** (-n)	pear
bis	until; by
bis zu	as far as
ein **bißchen**	a bit
bitte	please
das **Blatt** (¨er)	sheet, leaf
bleiben	to stay, remain
der **Bleistift** (-e)	pencil
der **Blitz** (-e)	(flash of) lightning
blitzen	to lighten, flash
die **Blume** (-n)	flower
der **Boden** (¨)	ground; bottom; floor
der **Bogen** (¨)	curve, arc
das **Boot** (-e)	boat
brauchen	to need
brechen (bricht)	to break
brennen	to burn
der **Brief** (-e)	letter
bringen	to bring

Vocabulary

das **Brötchen** (-)	roll
der **Bruder** (¨)	brother
das **Buch** (¨er)	book
der **Bücherschrank** (¨e)	bookcase
die **Bühne** (-n)	stage
das **Büro** (-s)	office
der **Bürostuhl** (¨e)	office-chair
der **Bus** (-se)	bus
die **Bushaltestelle** (-n)	bus-stop
die **Butter**	butter
das **Café** (-s)	café
der **Campingplatz** (¨e)	camping-ground
die **D-Mark** (-)	Mark (currency)
da	there; then
das **Dach** (¨er)	roof
dafür	for it; on the other hand
die **Dame** (-n)	lady
dampfen	to steam
der **Dank**	thanks
danke	thank you
dann	then
daß	that (conjunction)
die **Decke** (-n)	blanket
dein	your
denken	to think
das **Denkmal** (¨er)	monument
denn	for, because; then
deutsch	German
das **Deutschland**	Germany
der **Dezember**	December
dicht	dense
der **Dienstag** (-e)	Tuesday
dies/er, -e, -es	this; that
doch	(used for emphasis)
der **Donner**	thunder
donnern	to thunder
der **Donnerstag** (-e)	Thursday
das **Dorf** (¨er)	village
dort	there

Mach Mit!

drüben	over there
du	you
dumm	stupid, silly
der **Dummkopf (¨e)**	fathead
dunkel	dark
durch (+ acc.)	through
der **Durchschnitt (-e)**	average
dürfen (darf)	to be allowed
die **Ecke (-n)**	corner
das **Ei (-er)**	egg
eigen	own (adj.)
*ein*atmen	to breathe in
einfach	simple
*ein*kaufen	to do the shopping
einmal	once
*ein*steigen	to get in
einzeln	single, individual
die **Eltern** (pl.)	parents
empfangen (empfängt)	to receive
das **Ende (-n)**	end
enden	to end, finish
endlich	at last
das **England**	England
das **Englisch**	English (noun)
die **Ente (-n)**	duck
entlang (+ acc.)	along
entsetzt	horrified
erinnern	to remind
die **Erkältung (-en)**	cold
erreichen	to reach
erscheinen	to appear
erst (adj.)	first
erwärmen	to warm, heat
essen (ißt)	to eat
das **Essen (-)**	food; meal
das **Eßzimmer (-)**	dining-room
etwas	some; something; rather
euch	you
euer	your

Vocabulary

	fahren (fährt)	to go (by vehicle); drive
die	**Fahrkarte (-n)**	ticket
der	**Fahrplan (¨e)**	time-table
das	**Fahrrad (¨er)**	bicycle
die	**Fahrt (-en)**	trip, journey
	fallen (fällt)	to fall
die	**Familie (-n)**	family
die	**Farbe (-n)**	colour
	fast	almost, nearly
	faul	lazy
der	**Faulpelz (-e)**	lazybones
der	**Februar**	February
das	**Fenster (-)**	window
die	**Ferien (pl.)**	holidays
	fern	distant, far
der	**Fernsehapparat (-e)**	television-set
das	**Fernsehprogramm (-e)**	television programme
	fertig	ready, finished
	finden	to find
	fleißig	hard-working, industrious
	fliegen	to fly
der	**Fluß (¨e)**	river
	folgend	following
die	**Frage (-n)**	question
	fragen	to ask
die	**Frau (-en)**	woman; wife; Mrs.
	frei	free
der	**Freitag (-e)**	Friday
	fressen (frißt)	to eat (of animals)
der	**Freund (-e)**	friend
die	**Freundin (-nen)**	friend (female)
	freundlich	kind; friendly
	früh	early
das	**Frühstück (-e)**	breakfast
der	**Frühstückstisch (-e)**	breakfast-table
	führen	to lead, guide
der	**Füller (-)**	fountain-pen
	für (+ acc.)	for
der	**Fuß (¨e)**	foot
der	**Fußball (¨e)**	football

Mach Mit!

das **Fußballspiel** (-e)	game of football, football-match
der **Fußboden** (¨)	floor
ganz	quite, completely; whole
gar nicht	not at all
die **Garage** (-n)	garage
der **Garten** (¨)	garden
der **Gartenstuhl** (¨e)	garden chair
der **Gartentisch** (-e)	garden table
die **Gartentür** (-en)	garden gate
der **Gartenzaun** (¨e)	garden fence
das **Gebäude** (-)	building
geben (gibt)	to give
der **Geburtstag** (-e)	birthday
die **Geburtstagsfeier** (-n)	birthday party
das **Geburtstagsgeschenk** (-e)	birthday present
der **Geburtstagskuchen** (-)	birthday cake
gegen (+ acc.)	towards; against
gegenüber (+ dat.)	opposite
gehen	to go
die **Geige** (-n)	violin
geigen	to play the violin
das **Geld** (-er)	money
genau	exact
genug	enough
die **Geographie**	geography
das **Gepäck**	luggage
der **Gepäckträger** (-)	porter
gerade	just; straight
geradeaus	straight on
gern	gladly, with pleasure
gern (essen) etc.	to like (eating) etc.
gern haben	to be fond of
das **Geschäft** (-e)	business; shop
geschäftlich	business (adj.)
die **Geschäftszeit** (-en)	business hours
das **Geschenk** (-e)	present
die **Geschichte** (-n)	story; history
gesund	healthy; well
die **Gesundheit**	health

Vocabulary

das **Gewitter** (-)	thunderstorm
gewöhnlich	usually
gießen	to pour
der **Gipfel** (-)	top (of mountain)
das **Glas** (⸚er)	glass
glauben	to believe, think
gleich	immediately; just
groß	big, large; tall
die **Großeltern** (pl.)	grandparents
die **Großmutter** (⸚)	grandmother
der **Großvater** (⸚)	grandfather
grün	green
der **Gruß** (⸚e)	greeting
gut	good
das **Haar** (-e)	hair
haben (**hat**)	to have
halb	half (adj.)
die **Hälfte** (-n)	half
halten (**hält**)	to hold; stop
die **Haltestelle** (-n)	stop (bus or tram)
die **Hand** (⸚e)	hand
hart	hard
das **Haus** (⸚er)	house
die **Hausarbeit** (-en)	housework
die **Hausaufgabe** (-n)	homework, prep.
nach Hause	home (motion)
heben	to lift
das **Heft** (-e)	exercise book
heiß	hot
helfen (**hilft**) (+dat.)	to help
her	here (motion)
der **Herr** (-en) (wk. masc.)	Mr.; gentleman
heute	today
hier	here
der **Himmel**	sky, heavens
hinken	to limp
hinter (+acc. or dat.)	behind
hoch	high; up
*hoch*__heben__	to lift up

Mach Mit!

*hoch*springen	to jump
hoffen	to hope
holen	to fetch
der Honig	honey
das Honigglas (¨er)	honey-jar
der Honigkuchen (-)	honey cake
hören	to hear
die Hose (-n)	trousers
der Hosenboden (¨)	trouser-seat
das Hotel (-s)	hotel
das Huhn (¨er)	hen, chicken
der Hund (-e)	dog
hungrig	hungry
der Hut (¨e)	hat
ihr	their, her (adj.); you (pron.)
Ihr	your
immer	always
in (+acc. or dat.)	in, into
intelligent	intelligent
interessant	interesting
ja	yes
das Jahr (-e)	year
der Januar	January
jed/er, -e, -es	every
jen/er, -e, -es	that
jetzt	now
der Juli	July
jung	young
der Junge (-n) (wk. masc.)	boy
der Juni	June
der Kaffee	coffee
die Karte (-n)	ticket; map; card
der Kartoffelsalat	potato salad
das Kätzchen (-)	kitten
die Katze (-n)	cat
kaufen	to buy
kein (adj.)	no, not a
das Kind (-er)	child

Vocabulary

das **Kleid** (-er)	dress
die **Kleider** (pl.)	clothes
klein	small, little
klopfen	to knock
klug	clever
der **Kochtopf** (¨e)	saucepan
der **Koffer** (-)	suitcase
Köln	Cologne
kommen	to come
das **Kompott**	stewed fruit
können (kann)	to be able
das **Konzert** (-e)	concert
der **Kopf** (¨e)	head
der **Körper** (-)	body
kosten	to cost
das **Krachen**	crashing
krachen	to crash, bang
krank	ill
die **Krawatte** (-n)	tie
die **Kreuzung** (-en)	crossing; cross-roads
die **Küche** (-n)	kitchen
der **Kuchen** (-)	cake
der **Küchenherd** (-e)	stove, cooker
die **Kuh** (¨e)	cow
kühl	cool
kurz	short
lachen	to laugh
der **Laden** (¨)	shop
die **Lampe** (-n)	lamp
das **Land** (¨er)	country
lang	long
lange	for a long time
langsam	slow
langweilig	boring
lassen (läßt)	to leave, let
laufen (läuft)	to run
das **Leben** (-)	life
leben	to live
leeren	to empty

Mach Mit!

legen	to lay, put
der Lehrer (-)	teacher
leicht	light; easy
leiden	to suffer
leider	unfortunately
der Leim	glue
leimen	to glue
lesen (liest)	to read
leuchten	to gleam, emit light
das Licht (-er)	light
lieb	dear, beloved
Lieblings-	favourite (adj.)
das Lied (-er)	song
liegen	to lie
links	on the left
das (der) Liter (-)	litre
los	off
*los*fahren (fährt los)	to drive off, set off (by vehicle)
die Luft (¨e)	air
das Luftgewehr (-e)	air-gun
machen	to do
das Mädchen (-)	girl
der Mai	May
das Mal (-e)	time
mal	(used for emphasis); times (in multiplications)
man	one
manchmal	sometimes
der Mann (¨er)	man; husband
die Mark (-)	mark (monetary unit)
der März	March
die Mathematik	mathematics
das Mathematikbuch (¨er)	maths book
das Mehl	flour
mehr	more
das Meisterstück (¨e)	masterpiece
die Melodie (-n)	melody, tune
die Menge (-n)	crowd, mass
merken	to notice, realise

Vocabulary

das, der **Meter** (-)	metre
miauen	to miaow
die **Milch**	milk
die **Minute** (-n)	minute
mit (+dat.)	with
*mit*bringen	to bring along
*mit*fahren (fährt mit)	to ride with (someone)
*mit*kommen	to accompany, come with (someone)
*mit*machen	to join in, take part
*mit*nehmen	to take with one
*mit*spielen	to take part (in a game or play)
das **Mittagessen** (-)	lunch
der **Mittwoch** (-e)	Wednesday
das **Modegeschäft** (-e)	fashion-shop
mögen (mag)	to like
der **Moment** (-e)	moment
der **Monat** (-e)	month
der **Morgen** (-)	early morning
morgen	tomorrow
morgens	in the morning; every morning
der **Motorroller** (-)	motor-scooter
müde	tired
der **Mund** (⸚er)	mouth
die **Musik**	music
müssen (muß)	to have to, must
die **Mutter** (⸚)	mother
die **Mutti** (-s)	mummy
nach (+dat.)	after; to; towards; according to
n. Chr.	A.D.
der **Nachbar** (-n) (wk. masc.)	neighbour
die **Nachbarin** (-nen)	neighbour (female)
der **Nachmittag** (-e)	afternoon
nachmittags	in the afternoon(s)
nächst	next; nearest
die **Nacht** (⸚e)	night
nachts	at night
die **Nase** (-n)	nose
naß	wet

175

Mach Mit!

natürlich	naturally
neben (+acc. or dat.)	next to, by, beside
nehmen (nimmt)	to take
nein	no
nett	nice
neu	new
nicht	not
nichts	nothing
nie	never
noch	still, yet
noch ein	another, one more
der **November**	November
null	nil, nought
nun	now
nur	only
o weh!	oh dear!
oben	at the top; upstairs
oder	or
offen	open (adj.)
öffnen	to open
oft	often
ohne (+acc.)	without
das **Ohr** (-en)	ear
der **Oktober**	October
die **Oma** (-s)	granny, grandma
der **Opa** (-s)	grandpa, granddad
ein paar	a few
parken	to park
die **Pause** (-n)	break, interval
der **Pfennig** (-e)	pfennig (coin)
der **Platz** (¨e)	place, seat; room
die **Praline** (-n)	chocolate-coated sweet
das **Programm** (-e)	programme
der **Pullover** (-)	pullover
pünktlich	punctual
putzen	to clean
das **Radio** (-s)	radio
das **Radiogeschäft** (-e)	radio-shop
der **Rand** (¨er)	edge

Vocabulary

der **Rattenfänger** (-)	rat-catcher; Pied Piper
recht	right, proper
rechts	to (on) the right
der **Regen**	rain
der **Regentropfen** (-)	raindrop
das **Regenwetter**	rainy weather
regnen	to rain
reich	rich
die **Reihe** (-n)	row, rank
reißen	to tear
das **Restaurant** (-s)	restaurant
richtig	correct, right
riechen	to smell
die **Rolle** (-n)	rôle
der **Roller** (-)	scooter
der **Römer** (-)	Roman
rufen	to call
die **Ruhe**	peace, quiet
sagen	to say
der **Samstag** (-e)	Saturday
sausen	to dash, rush
die **Schachtel** (-n)	packet, box
der **Schalter** (-)	ticket-office
schauen	to look
die **Schauspielerin** (-nen)	actress
scheinen	to shine
schenken	to give (as a present)
schießen	to shoot
das **Schild** (-er)	sign, notice
die **Schlacht** (-en)	battle
schlafen (**schläft**)	to sleep
das **Schlafzimmer** (-)	bedroom
schlagen (**schlägt**)	to hit, strike
schlecht	bad
schließen	to shut
schmecken	to taste
schnell	quick, fast
schon	already
schön	nice; beautiful

Mach Mit!

schreiben	to write
die **Schreibmaschine** (-n)	typewriter
der **Schritt** (-e)	pace, step
das **Schulbuch** (¨er)	school-book
die **Schule** (-n)	school
der **Schüler** (-)	schoolboy; pupil
das **Schuljahr** (-e)	school year
das **Schulkonzert** (-e)	school concert
die **Schulwoche** (-n)	school week
die **Schulter** (-n)	shoulder
die **Schüssel** (-n)	dish, bowl
der **Schwanz** (¨e)	tail
schwarz	black
der **Schwarzwald**	Black Forest
schwer	heavy; difficult
die **Schwester** (-n)	sister
schwimmen	to swim
der **See** (-n)	lake
das **Segelboot** (-e)	sailing-boat
segeln	to sail
sehen (sieht)	to see
sehr	very
sein (ist)	to be
seit (+ dat.)	since
die **Seite** (-n)	page; side
die **Sekretärin** (-nen)	secretary
selbst	oneself, yourself, etc.
der **September**	September
der **Sieger** (-)	victor, winner
singen	to sing
sitzen	to sit
so	like that, so
so . . . wie	as . . . as; so . . . as
das **Sofa** (-s)	sofa
sofort	immediately
der **Sohn** (¨e)	son
solch/er, -e, -es	such
sollen (soll)	to be to, be supposed to
der **Sommer** (-)	summer
der **Sommerabend** (-e)	summer evening

Vocabulary

die	**Sommerferien** (pl.)	summer holidays
der	**Sommertag** (-e)	summer day
der	**Sonnabend** (-e)	Saturday
die	**Sonne** (-n)	sun
der	**Sonntag** (-e)	Sunday
	sonst	otherwise
	spät	late
der	**Spaziergang** (¨e)	walk
	spielen	to play
	sprechen (spricht)	to speak
	springen	to jump
die	**Stadt** (¨e)	town
	stark	strong
	stehen	to stand; to be situated
	steigen	to climb
	stellen	to put, place, stand
	still	quiet
die	**Straße** (-n)	street
die	**Straßenbahn** (-en)	tram
die	**Straßenlampe** (-n)	street-lamp
das	**Stück** (-e)	piece; play
der	**Stuhl** (¨e)	chair
die	**Stunde** (-n)	hour; lesson
	stürzen	to crash; plunge
	suchen	to look for
das	**System** (-e)	system
der	**Tag** (-e)	day
die	**Taille** (-n)	waist
	tanzen	to dance
die	**Tanzmusik**	dance music
der	**Tanzschritt** (-e)	dance step
die	**Tanzstunde** (-n)	dancing lesson
der	**Tanzunterricht**	dancing instruction
die	**Tasse** (-n)	cup
der	**Teil** (-e)	part
der	**Teller** (-)	plate
	teuer	expensive, dear
das	**Theater** (-)	theatre
das	**Theaterstück** (-e)	play

Mach Mit!

tief	deep
das **Tier (-e)**	animal
der **Tisch (-e)**	table
die **Tochter (¨)**	daughter
tragen (trägt)	to carry; to wear
trinken	to drink
trommeln	to drum
die **Tür (-en)**	door
üben	to practise
über (+acc. or dat.)	over; via
die **Übung (-en)**	practice
die **Übungsaufgabe (-n)**	exercise
das **Ufer (-)**	bank (of lake or river)
die **Uhr (-en)**	clock; o'clock
um (+acc.)	round; at
***um*werfen (wirft um)**	blow over; knock over
unbedingt	without fail, absolutely
und	and
unmöglich	impossible
unser	our
unten	at the bottom; downstairs
unter (+acc. or dat.)	under
unterbrechen (unterbricht)	to interrupt
die **Unterhaltungsmusik**	light music
der **Unterricht**	lessons, instruction
die **Unterrichtsstunde (-n)**	lesson
der **Vater (¨)**	father
der **Vati (-s)**	daddy
verdienen	to earn, deserve
vergessen (vergißt)	to forget
der **Verkehr**	traffic
versäumen	to miss
verschieben	to postpone, put off
verschwinden	to disappear
versprechen (verspricht)	to promise
verstehen	to understand
viel	much, a lot of
viele	many, a lot of
vielleicht	perhaps

Vocabulary

das **Viertel** (-)	quarter
die **Viertelstunde** (-n)	quarter of an hour
der **Vogel** (¨)	bird
voll	full
von (+ dat.)	from; by; of
vor (+ acc. or dat.)	in front of; before
vorbei	past
*vorbei*schießen	to shoot wide
der **Vorhang** (¨e)	curtain
der **Vormittag** (-e)	morning
vormittags	in the morning(s)
der **Wagen** (-)	car
die **Wagentür** (-en)	car door
wahr	true
der **Wald** (¨er)	forest
der **Waldrand** (¨er)	edge of the forest
der **Walzer** (-)	waltz
die **Wand** (¨e)	wall
wann	when
das **Warenhaus** (¨er)	store
warm	warm
warten	to wait
warum	why
was	what
das **Wasser** (-)	water
der **Weg** (-e)	road, path, way
weg	away
*weg*gehen	to go away, leave
o weh!	oh dear!
weich	soft
weit	far, distant
weiter	further
*weiter*fahren (**fährt weiter**)	to travel further, on
*weiter*gehen	to go further, on
welch/er, -e, es?	which?
wenn	if; when
wer (acc.: **wen**; gen: **wessen**; dat.: **wem**)	who
werfen (**wirft**)	to throw

Mach Mit!

das **Wetter**	weather
wichtig	important
wie	like; how; as
wie viele	how many
wieder	again
die **Wiese (-n)**	meadow
wieviel	how much
die **Wildente (-n)**	wild duck
der **Wind (-e)**	wind
der **Windstoß (¨e)**	gust of wind
der **Winter (-)**	winter
wirklich	really
wo	where
die **Woche (-n)**	week
wohin	to what place, where to
wohnen	to live
das **Wohnzimmer (-)**	sitting-room
die **Wolke (-n)**	cloud
wollen (will)	to want, wish
wunderschön	wonderful, lovely
das **Würstchen (-)**	sausage
der **Zahnarzt (¨e)**	dentist
der **Zaun (¨e)**	fence
zeichnen	to draw
zeigen	to show
die **Zeit (-en)**	time
die **Zeitung (-en)**	newspaper
das **Zelt (-e)**	tent
das **Zimmer (-)**	room
zu (+dat.)	to
zu	too; shut; together with
der **Zucker**	sugar
zuerst	at first, first of all
der **Zug (¨e)**	train
*zu***hören**	to listen (to)
zuletzt	at last, last of all
*zu***machen**	to close, shut
zusammen	together
der **Zuschauer (-)**	spectator, (*pl.* audience)
zwischen (+acc. or dat.)	between

DEUTSCHLAND PHYSISCH

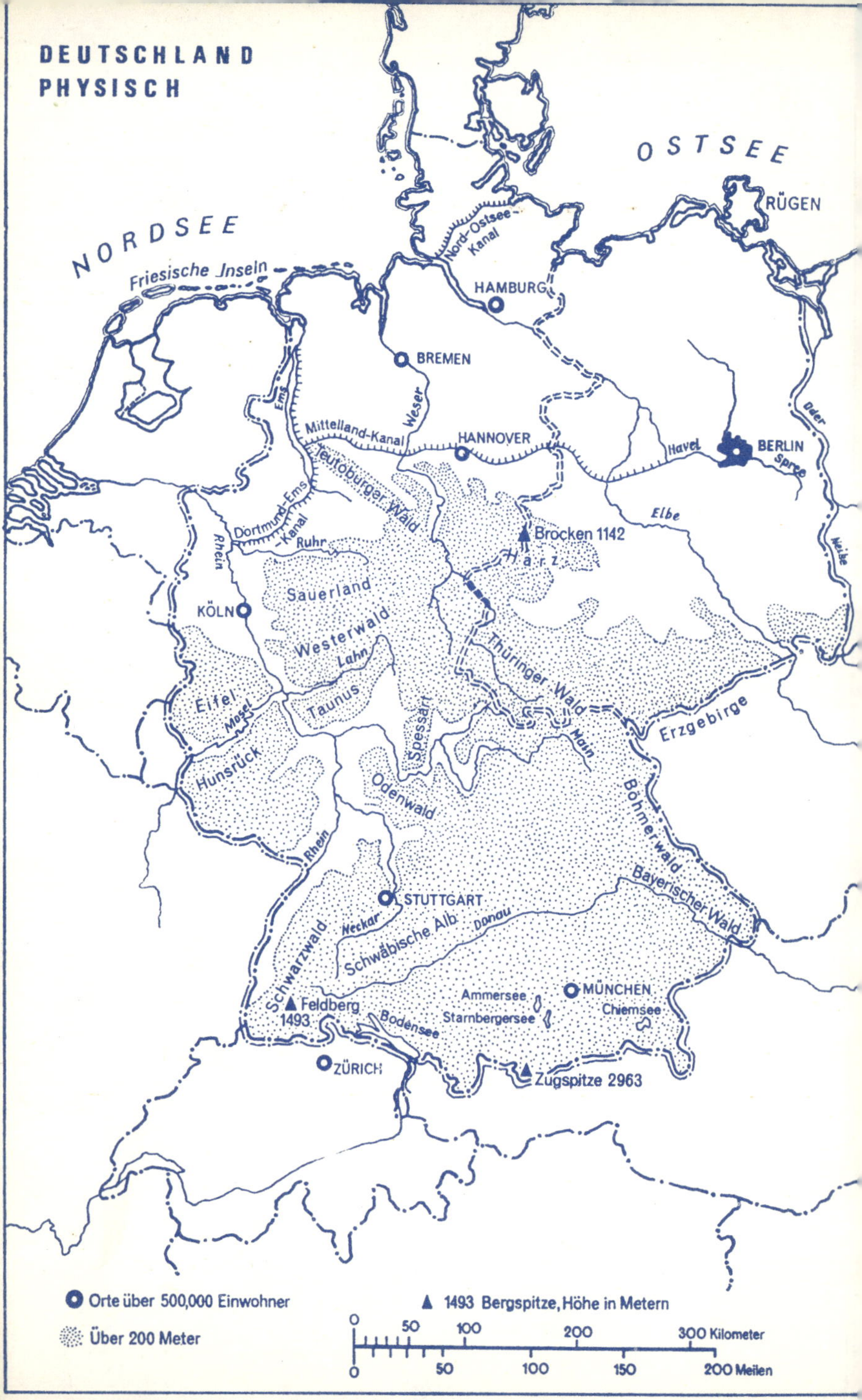

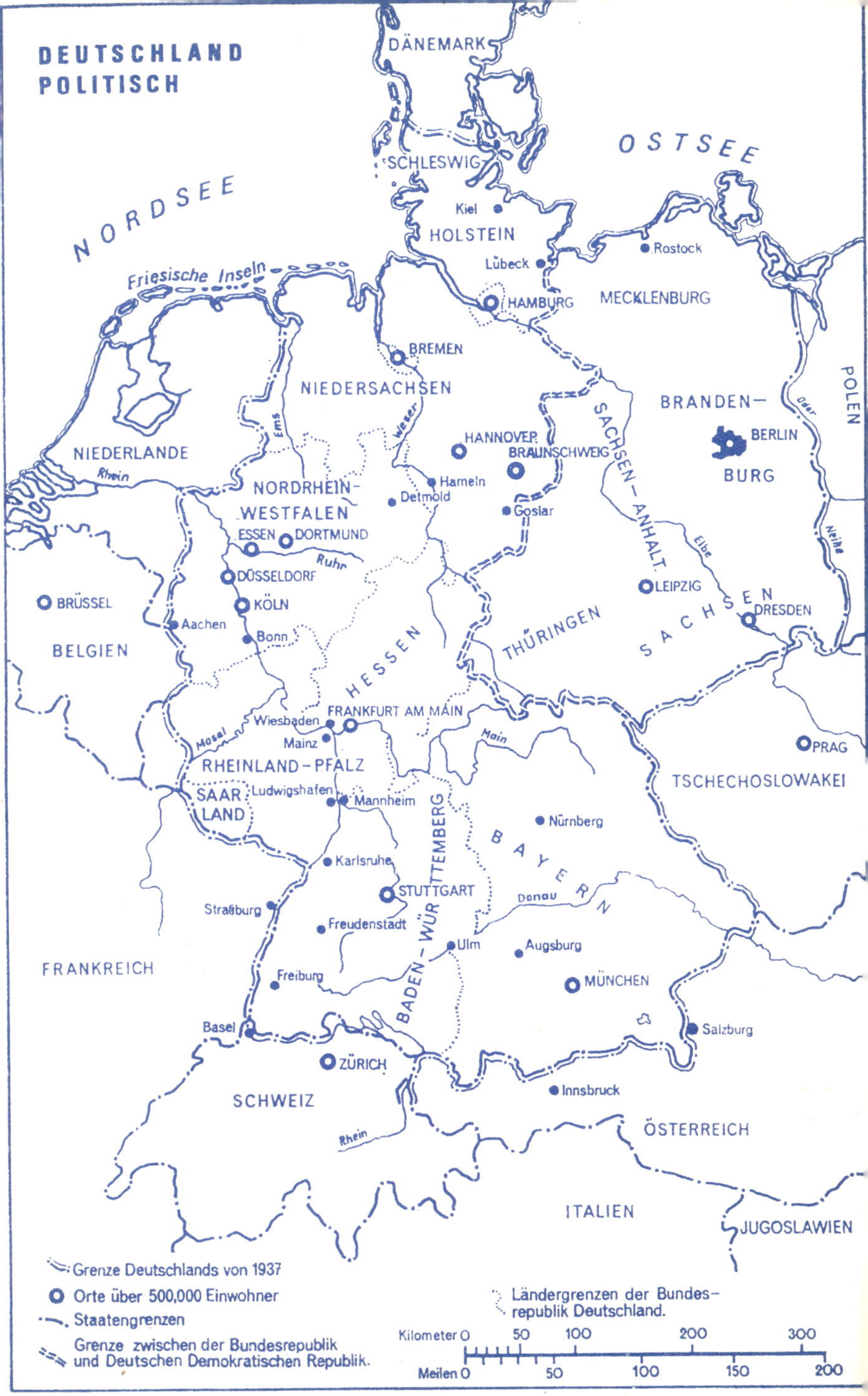
DEUTSCHLAND
POLITISCH
DÄNEMARK
OSTSEE
NORDSEE
SCHLESWIG
Kiel
HOLSTEIN
Rostock
Lübeck
Friesische Inseln
HAMBURG
MECKLENBURG
BREMEN
NIEDERSACHSEN
BRANDEN-
BURG
POLEN
Oder
BERLIN
HANNOVER
BRAUNSCHWEIG
SACHSEN-ANHALT
Weser
Ems
NIEDERLANDE
Rhein
Hameln
NORDRHEIN-
WESTFALEN
Detmold
Goslar
ESSEN
DORTMUND
Ruhr
Elbe
Neiße
DÜSSELDORF
LEIPZIG
BRÜSSEL
KÖLN
DRESDEN
Aachen
SACHSEN
Bonn
THÜRINGEN
BELGIEN
HESSEN
Wiesbaden
FRANKFURT AM MAIN
Main
Mosel
Mainz
PRAG
RHEINLAND-PFALZ
TSCHECHOSLOWAKEI
SAAR
LAND
Ludwigshafen
Mannheim
Nürnberg
BAYERN
Karlsruhe
BADEN-WÜRTTEMBERG
STUTTGART
Donau
Straßburg
Freudenstadt
Ulm
Augsburg
FRANKREICH
Freiburg
MÜNCHEN
Basel
Salzburg
ZÜRICH
Innsbruck
SCHWEIZ
ÖSTERREICH
Rhein
ITALIEN
JUGOSLAWIEN
Grenze Deutschlands von 1937
Orte über 500,000 Einwohner
Staatengrenzen
Grenze zwischen der Bundesrepublik und Deutschen Demokratischen Republik.
Ländergrenzen der Bundesrepublik Deutschland.
Kilometer 0 50 100 200 300
Meilen 0 50 100 150 200